Ich möchte gern was schreiben,
Das ewig könnte bleiben;
Denn alles andre Treiben
Will nur die Zeit vertreiben.
Ich möchte gern mein Leben,
Zu Ewigem erheben;
Denn alles andre Streben
Ist in den Tod gegeben.
Drum schreib ich einen Namen,
Und leb in einem Namen,
Der *Jesus* heißet – Amen.

Clemens Brentano (1778 – 1842)

HANS STEINACKER · FUNDSACHEN

*f*UNDSACHEN

Ein kleines Sammelsurium aus dem Reich Gottes

herausgegeben von Hans Steinacker

ERNST FRANZ VERLAG METZINGEN/WÜRTT.

CIP-Titelaufnahme der Deutschen Bibliothek

Hans Steinacker
Fundsachen
Metzingen: Franz, 1998
ISBN 3-7722-0320-5

Illustrationen: Heinz Giebeler, Fotos von Rudolf Barthel, Andreas Beck und Creative Collection
Umschlaggestaltung: Grafisches Atelier Arnold, Dettingen
Herstellung: Heinzelmann Druck-Service, Metzingen
Printed in Germany

Mehr als Worte wollen diese kleinen Fundsachen sein. Im Laufe der Zeit kamen sie mir auf den Schreibtisch bzw. unter die Leselampe und schienen für das Archiv oder sogar den Papierkorb zu schade. Anekdoten und Aphorismen, Beispiele und Bilder, Spitzes und Spirituelles, Zettel und Zitate wurden somit Anstöße zum Nach-Denken und Begleiter für den Tag. Kurzum: mehr als ein Sammelsurium, sondern eher – im wahrsten Sinne des Wortes – kleine Lese-Zeichen, die mich von Zeit zu Zeit erbaut und getröstet, ermutigt und ermuntert haben.

Alphabetisch geordnet und in den meisten Fällen ohne Kenntnis des Fundortes bzw. der Quelle gebe ich sie in dieser gebündelten Buchform als kleine Samenkörner des Reiches Gottes weiter in die Hände aufnahmebereiter Zeitgenossen. Alles in der Hoffnung, daß der Same, wenn Gott Sonne und Segen, Wasser und Wachstum schenkt, zur rechten Zeit aufgeht. Denn:

»Wenn ich bete, so rede ich mit Gott;
wenn ich aber lese, so spricht Gott mit mir.«
Abraham a Santa Clara (1644–1709)

Hans Steinacker

Inhalt

Morgengebet

Nachbarschaft
Nächtliche
Erfahrung
Naturgesetz
Neues
Neujahrswünsche

Ökumene
Ora et labora

Pastoren, Pfarrer
Pharisäer
Politische Predigt
Prioritäten

Rassentrennung
Recht gläubig
Rettungstür
Rezession

Schafsnatur
Schizophrenie
Schlaf
Schubladen
Schutzbrief
Sehtest
Seligpreisungen
eines Alten
Sieben Sünden
Silvester
Soldaten
Sonntagskapital
Sorgen abgeben
Spiegel
Sterbewünsche
Stille Zeit

Tempo
Transzendenz
Träume
Trotzdem

Unerwartet

Verantwortung
Vergeben
Vergnügen
Verweigerung
Volkskirche

Warum
Wegweisung
Weihnachten
Weizenkorn
Worte
Wunder
Wunder der Natur

X für ein E

Zeit
Zeitung
Zorn
Zuflucht

Abendgebet

Mein Herr und mein Gott,
schenke mir einen ruhigen Schlaf.

Mein Mund, der dich preist,
bleibe nicht lange still,
und die Schöpfung, dein Werk, höre nicht auf,
den Chören der Engel zu antworten.

Laß mich in dir ruhen
und gib mir heilige Gedanken ein.
Die Nacht breite einen Schleier über die Fehler,
die ich tagsüber begangen habe.

Laß nicht zu, daß Alpträume
mich in Unruhe versetzen.

Mein Geist soll dich lobpreisen,
auch wenn mein Leib schläft.

Gott, Vater, Sohn und Heiliger Geist,
dein ist die Ehre, die Kraft
und die Herrlichkeit in Ewigkeit.

GREGOR VON NAZIANZ *(4. Jahrhundert)*

Abendgedanken

O Gott, voll Freude komme ich jeden Abend zu dir, um dir zu danken für die Gnaden, die du mir hast zuteil werden lassen.
Ich bitte um Vergebung für die Fehler, die ich begangen habe während des Tages, der nun vergeht wie ein Traum.
Jesus, wie glücklich wäre ich, wenn ich immer treu gewesen wäre; doch leider bin ich am Abend oft traurig, denn ich fühle, daß ich deinen Gaben hätte besser entsprechen können.
Wäre ich mehr eins gewesen mit dir, wäre ich liebevoller gewesen zu meinen Schwestern, demütiger und freier vor mir selbst, fiele es mir leichter, mich mit dir zu unterhalten. Doch ich verliere nicht den Mut, weil ich mein Elend sehe, sondern ich komme voll Vertrauen zu dir, denn ich denke, daß »nicht die Gesunden den Arzt brauchen, sondern die Kranken«. Daher flehe ich dich an, mich zu heilen und mir zu verzeihen.
Wirke in mir, ohne auf meinen Widerstand zu achten, denn ich möchte nicht meinem Willen folgen, sondern nur deinem.
Morgen werde ich mit Hilfe deiner Gnade ein neues Leben beginnen, in dem jeder Augenblick ein Akt der Liebe und der Dankbarkeit sein soll.
Eines Tages wird der letzte Abend meines Lebens kommen. Dann wird für mich der ewige Tag beginnen, der keinen Abend mehr kennt, dann werde ich an deinem göttlichen Herzen ausruhen von allen Kämpfen dieses Lebens.

Theresia von Lisieux (1873–1897)

Abtreibung

Ein Professor fragt seine Medizinstudenten, was man im folgenden Fall tun sollte:

»Der Vater hat Syphilis, die Mutter Tbc. Sie haben bereits vier Kinder.
Das erste ist blind, das zweite starb, das dritte ist taub, das vierte ist tuberkulosekrank.
Die Mutter erwartet ihr fünftes Kind.
Was ist Ihre Meinung, soll sie sich einem Schwangerschaftsabbruch unterziehen?«
Die Studenten entscheiden, der Mutter zu raten, einer Abtreibung zuzustimmen.

»Ich gratuliere Ihnen«, sagt da der Professor, »jetzt haben Sie Beethoven ermordet.«

Advent

Ziele im Advent

Unruhestifter zurechtweisen,
Kleinmütige trösten,
Sich der Schwachen annehmen,
Gegner widerlegen,
Sich vor Nachstellern hüten,
Ungebildete lehren,
Träge wachrütteln,
Händelsucher zurückhalten,
Eingebildeten den rechten Platz anweisen,
Streitende besänftigen,
Armen helfen,
Unterdrückte befreien,
Gute ermutigen,
Böse ertragen
Und – ach – alle lieben!

AUGUSTINUS (354–430)

Alkohol

Alkohol ist ein hervorragendes Lösungsmittel.

Er löst Familien, Ehen, Freundschaften, Arbeitsverhältnisse, Bankkonten, Leber- und Gehirnzellen auf!

Er löst nur keine Probleme!

Die Spitzenverbände der Freien Wohlfahrtspflege in Rheinland-Pfalz über die »Vergessene Mehrheit der Alkoholabhängigen«

Altersweisheit

Herr, du weißt, daß ich von Tag zu Tag älter werde – und eines Tages alt. Bewahre mich vor dem Drang, bei jeder Gelegenheit etwas sagen zu müssen. Erlöse mich von der großen Leidenschaft, die Angelegenheiten anderer ordnen zu wollen. Lehre mich, nachdenklich und hilfreich, aber nicht beherrschend zu sein.
Mein umfangreiches Wissen sollte eigentlich nicht brachliegen, sondern weitergegeben werden. Aber du verstehst, Herr, daß ich mir ein paar Freunde erhalten möchte. Bewahre mich davor, endlos Einzelheiten aufzuzählen, ohne auf den Kern der Sache zu kommen.
Lehre mich schweigen über meine Krankheiten und Beschwerden. Sie nehmen zu, und die Lust, sie zu beschreiben, wächst von Jahr zu Jahr. Ich erflehe nicht die Gabe, Krankheitsschilderungen anderer mit Genuß zu lauschen. Aber lehre mich, sie wenigstens geduldig zu ertragen.
Lehre mich die wunderbare Weisheit, daß ich mich irren kann. Erhalte mich so liebenswert wie möglich. Ich möchte kein Griesgram sein, aber auch keine Heilige, denn mit ihnen lebt es sich so schwer.

THERESIA VON AVILA (1515 – 1582)

Antenne

Das Fehlen
einer Antenne ist noch kein Beweis dafür,
daß es keinen Sender gibt.

Leserbrief im »Spiegel«

Arbeitstempo

Der Herr gibt mir für meine Arbeit das Tempo an, ich brauche nicht zu hetzen.

Er gibt mir immer wieder einen Augenblick der Stille, eine Atempause, in der ich zu mir komme.

Er stellt mir Bilder vor die Seele, die mich sammeln und mir Gelassenheit geben. Oft läßt er mir mühelos etwas gelingen, und es überrascht mich selbst, wie zuversichtlich ich sein kann.

Ich merke: Wenn man diesem Herrn vertraut, bleibt das Herz ruhig.

Obwohl ich viel zu viel Arbeit habe, brauche ich doch den Frieden nicht zu verlieren.

Er ist in jeder Stunde da und in allen Dingen, und so verliert alles andere sein bedrohliches Gesicht.

Oft, mitten im Gedränge, gibt er mir ein Erlebnis, das mir Mut macht.

Das ist, als ob mir einer eine Erfrischung reichte, und dann ist der Friede da und eine tiefe Geborgenheit.

Ich spüre, wie meine Kraft dabei wächst, wie ich ausgeglichen werde und mir mein Tagwerk gelingt.

Darüber hinaus ist es einfach schön, zu wissen, daß ich meinem Herrn auf der Spur und daß ich, jetzt und immer, bei ihm zu Hause bin.

Psalm 23 nach Toki Miyaschina

Ausländer

Jeder ist Ausländer – fast überall
so las ich im Stau
den Aufkleber meines Vordermannes
und plötzlich fiel mir Abraham ein
den der Ruf Gottes
zum Ausländer machte

Jeder ist Ausländer – fast überall
und Josef fällt mir ein
den seine Brüder
ins Ausland verkauft haben
und doch hat Gott
das Böse gut gemacht

Jeder ist Ausländer – fast überall
und Paulus fällt mir ein
der wegen Jesus
zum Ausländer wurde
und als Ausländer
mit der Botschaft
die Weltreiche veränderte

Jeder ist Ausländer –
fast kommt es mir so vor
als ob Gott selber ein Aus-
länder ist und heute an
unsere Türen kommt und
um Einlaß bittet bei uns
und für seine Ausländer
um Asyl und Heimat

Weil Gott keinen Platz hat
in unserem Leben haben
wir kaum Platz für den
Fernen oder Nahen

Wenn für Gott
unser Herz weit wird
bekommen wir auch
ein weites Herz für den
der uns braucht

Hermann Traub

Atheismus

Wer sagt: Gott existiert nicht, hat doch damit schon von ihm gesprochen. Man spürt direkt, wie schwach die Verneinungskraft der Sprache ist, verglichen mit einem Hauptwort. Wenn es Gott nicht gäbe, könnte man doch nicht sagen, daß es ihn nicht gebe. Es gibt das Wort. Und ein verneintes Wort wird durch eine Verneinung überhaupt nicht aus dem Weg geschafft. Es verliert durch die Verneinung so gut wie nichts. Das ist ein Grundvermögen der Sprache, daß die Wörter wichtiger sind als die mit ihnen möglichen Operationen.

MARTIN WALSER

Beichte

Fünf Ordnungen Gottes aus der Bergpredigt nach Matthäus 5 als Beichtspiegel für unseren Alltag.

Wahrheit (Vers 33–37): *Unehrlichkeit zerstört*

Wen habe ich belogen? · Habe ich Wahrheiten verschwiegen, Tatsachen verdreht, Fakten geschönt? · Was habe ich gestohlen oder nicht zurückgegeben, obwohl es mir nicht gehört? · Ehre, die anderen gebührt (Mitarbeiter)? · Wen habe ich hinter seinem Rücken schlecht gemacht? · Wo habe ich mir zu Unrecht finanzielle Vorteile verschafft (z. B. Steuer, Prämien, ungerechtfertigter Skontoabzug)? · Wo und wie übertreibe ich im Reden? · Welche Masken trage ich (das heißt: wo habe ich mich anders gegeben als ich bin)?

Reinheit (Vers 27–30): *Fehlverhalten auf sexuellem Gebiet zerstört*

Womit habe ich meine sexuelle Phantasie negativ angefüllt (Pornohefte, Wunschbilder)? Habe ich oder hatte ich mit jemandem sexuelle Beziehungen, mit dem ich nicht verheiratet bin? · Habe ich gleichgeschlechtliche Liebe praktiziert? · Stehe ich einem Menschen näher als sein Ehepartner? · Steht mir jemand näher als mein Ehepartner?

Demut (Vers 21–26): *Selbstsucht zerstört*

Wie zeigen sich meine Rechthaberei, meine Ungeduld, mein Zorn, mein Selbstmitleid, meine Empfindlichkeit, meine Eitelkeit, und wer hat darunter zu leiden? · Bin ich rücksichtslos im Straßenverkehr (Parkplatzsuche, Vorfahrt lassen)? · Über wen oder was ärgere ich mich (Vogel zeigen)? · Mit wem vergleiche ich mich und bin dann neidisch (Beruf, Schönheit, Erfolg)? · Muß ich immer im Mittelpunkt stehen, und was geschieht, wenn das nicht der Fall ist?

Liebe (Vers 43–48): *Lieblosigkeit zerstört*

Wem gehe ich aus dem Weg, weil er mir unsympathisch ist? · Wer ist mir gleichgültig (z. B. Familie, Kollegen)? · Wen hasse ich und habe ihm nicht vergeben (Groll als zerstörende Macht)? · Was bejahe ich nicht – mein Geschlecht, mein Alter, mein Aussehen, meine Lebensumstände (z. B. Ehepartner, Kinder, Eltern, Beruf, Verdienst)? An welchen Punkten bin ich für meinen Ehepartner, meine Kinder, meine Kollegen ein schlechtes Vorbild? · Wo überfordere ich sie? · Habe ich über Gott, Jesus Christus oder den Heiligen Geist gespottet? · Bin ich so von meiner Arbeit gefangen, daß ich keine Zeit mehr für Menschen habe (Arbeit als Flucht vor Gott)?

Freiheit (Vers 17–20): *Gebundenheiten zerstören*

Von welcher Sucht komme ich nicht los (z. B. Drogen, Arbeit, Alkohol, Nikotin, Kaffee, Zeitung, Schokolade, TV)? · An welchen okkulten Praktiken habe ich teilgenommen (z. B. Wahrsagerei, Lesen von Horoskopen, spiritistischen Sitzungen, Kartenlegen, Pendeln, Tischrücken, Besprechen)? · Kamen oder kommen diese Praktiken in meiner Familie vor? · An welche Gegenstände bin ich gebunden (z. B. Maskottchen)? · Welche Formen der Sexualität haben bei mir suchtartigen Charakter? · Habe ich mich mit einer außerchristlichen Religion o. ä. intensiv beschäftigt oder sie praktiziert (z. B. Transzendentale Meditation)? · Wovor habe ich Angst (Chef, Kollege, Konkurrent, Krankheit)? · Welche Sorgen quälen mich (Beruf, Familie, Firma, Finanzen, Krankheit)?

Dieser Beichtspiegel wird in der Arbeit des Marburger Kreises verwendet und wurde in der vorliegenden Form vom Herausgeber bearbeitet.

Berufsethos

Zwölf Regeln

1. Nie ungerechte Fälle übernehmen: man verliert dabei Gewissen und Ansehen.
2. Eine Sache niemals mit illegalen oder ungerechten Mitteln verteidigen, auch wenn sie gerecht ist.
3. Die Klienten nicht mit überflüssigen Ausgaben belasten; andernfalls sind die Ausgaben vom Rechtsanwalt zurückzuerstatten.
4. Die Interessen der Klienten mit der gleichen Sorgfalt vertreten wie die eigenen.
5. Die Akten studieren, um daraus stichhaltige Argumente zu gewinnen.
6. Verzögerungen und Nachlässigkeit des Rechtsanwalts bringen dem Klienten oft Nachteile; dann ist er verpflichtet, ihn zu entschädigen.
7. Der Rechtsanwalt muß die Hilfe Gottes erflehen; denn Gott ist der erste Beschützer der Gerechtigkeit.
8. Wer mehr Fälle übernimmt, als er mit seinen Talenten, seinen Kräften oder seiner Zeit wirksam verteidigen kann, tut unrecht.
9. Gerechtigkeit und Rechtschaffenheit sind die beiden untrennbaren Gefährten des christlichen Rechtsanwaltes; er muß sie so sorgsam hüten wie seinen Augapfel.
10. Ein Rechtsanwalt, der durch seine eigene Nachlässigkeit einen Fall verliert, hat die Pflicht, allen Schaden wiedergutzumachen, den sein Klient dadurch erlitten hat.
11. Bei der Verteidigung eines Falles nur die Wahrheit sagen und nichts verbergen, den Gegner achten und sich nur auf die Vernunft stützen.
12. Schließlich: Die Tugenden, die den Rechtsanwalt ausmachen, sind Wissenschaft, Eifer, Wahrhaftigkeit, Treue und Gerechtigkeit.

Alfons von Liguori (1696 – 1787)
Heiliger und Anwalt der Armen

Bilanz

Für mich ist Jesus die Entdeckung meines Lebens. Ich finde Ihn so glaubwürdig und so liebenswert. Sein Blick trifft mich, Sein Wort geht mir nahe. Ich fühle mich von Ihm durchschaut, aber auch rundum verstanden und trotzdem geliebt. Die Menschenfreundlichkeit Gottes in Person bewegt mich. Wenn das Herz wach ist und die Augen weit geöffnet, bin ich betroffen. Ich glaube Ihm aufs Wort. Das ist alles ganz einfach, solange ich nicht aufhöre, täglich mit Ihm umzugehen. Dann vertraue ich Ihm, weil ich Ihn gut kenne. Die Religion kennt den Menschen. Jesus kennt mich, und ich kenne Ihn. Damit habe ich alles gesagt, was ich zu sagen habe.

Auf dem Totenzettel des am 3. Februar 1983 verstorbenen Mediziners und Philosophen
ALBERT GÖRRES

Bitten

Gebet
um eine heilige Seele
und um Humor

Schenke mir eine gute Verdauung, Herr,
Und auch etwas zum Verdauen.

Schenke mir Gesundheit des Leibes,
Mit dem nötigen Sinn dafür,
Ihn möglichst gut zu erhalten.

Schenke mir eine heilige Seele, Herr,
Die das im Auge behält,
Was gut und rein ist,
Damit sie im Anblick der Sünde
Nicht erschrecke,
Sondern das Mittel finde,
Die Dinge wieder in Ordnung zu bringen.

Schenke mir eine Seele,
Der die Langeweile fremd ist,
Die kein Murren kennt
Und kein Seufzen und Klagen,
Und laß nicht zu,
Daß ich mir allzuviel Sorgen mache
Um dieses sich breitmachende Etwas,
Das sich »Ich« nennt.

Herr, schenke mir Sinn für Humor,
Gib mir die Gnade,
Einen Scherz zu verstehen,
Damit ich ein wenig Glück kenne
im Leben
Und anderen davon mitteile.

Thomas Morus (1477–1535)
englischer Staatsmann

Bitte zahlen!

Einmal wird uns gewiß
die Rechnung präsentiert
für den Sonnenschein
und das Rauschen der Blätter,
die sanften Maiglöckchen
und die dunklen Tannen,
für den Schnee und den Wind,
den Vogelflug und das Gras
und die Schmetterlinge,
für die Luft,
die wir geatmet haben,
und den Blick auf die Sterne
und für alle die Tage,
die Abende und die Nächte.
Einmal wird es Zeit,
daß wir aufbrechen und
bezahlen.

Einmal wird es Zeit,
daß wir aufbrechen und
bezahlen.
Bitte die Rechnung.
Doch wir haben sie
ohne den Wirt gemacht:
Ich habe euch eingeladen,
sagt der und lacht,
soweit die Erde reicht:
Es war mir ein Vergnügen!

LOTHAR ZENETTI

Christus

Das Alte Testament zeigt: Christus wird kommen.
Die Evangelien zeigen: Christus ist da.
Die Briefe zeigen: Christus kommt wieder.

Das Matthäusevangelium hebt Christus als den **König** hervor.
Das Markusevangelium unterstreicht die **Knechtschaft** Jesu.
Das Lukasevangelium betont, daß Christus **Menschensohn** ist.
Das Johannesevangelium betont, daß er **Gottessohn** ist.
Die Apostelgeschichte zeigt den Beginn des **Leibes Christi.**

Jeder Brief des Neuen Testaments gibt einen anderen Gesichtspunkt im Blick auf Christus.

Römerbrief: **Rechtfertigung** in Christus
Korintherbrief: **Heiligung** in Christus
Galater: **Freiheit** in Christus
Epheser: **Einheit** in Christus
Philipper: **Freude** in Christus
Kolosser: **Fülle** in Christus
Thessalonicher: **Herrlichkeit** in Christus
Timotheus, Titus: **Dienst** in Christus
Philemon: **Knechtsein** in Christus
Petrus: **Hoffnung** in Christus
Johannes: **Gemeinschaft** in Christus
Hebräer: **Vollkommenheit** in Christus
Jakobus: **Werke** in Christus
Judas: **Bewährung** in Christus
Offenbarung: **Vollendung** in Christus.

Christus ist alles in allem.

Disziplin

Unfreie Menschen schrecken vor der Vorstellung zurück, sie sollten sich einer täglichen Disziplin unterwerfen. Weil sie innere Kontrolle mit äußerem Zwang verwechseln, geben sie sich ihren Launen hin, statt Selbstbeherrschung zu üben. Sie möchten lieber Ideale als Normen, lieber Hoffnungen als Direktiven, lieber Glauben als verbindliche Formen. Aber Ziel und Weg können nicht voneinander getrennt bestehen. Die Wochentage, unsere Nahrung, die Feiertage des Jahres, all unser Tun sind die Hauptkampflinie, wo der Glaube sich bewähren muß. Wenn die äußeren Lebensformen nicht die innere Welt widerspiegeln, wird die Frömmigkeit träge, und die gute Absicht führt zu nichts.

Abraham Joshua Heschel

Dokumente

Adelsbrief	1. Petrus 2,9 Offenbarung 1,5 und 6
Altersversorgung	Jesaja 46,4
Eintrittskarte	Epheser 2,18 und 3,12
Erbschein	Römer 8,16 und 17 Psalm 16,6
Garantieschein	Römer 8,1.38 und 39
Gebäude-versicherung	2. Korinther 5,1
Geburtsurkunde	Johannes 1,12 Johannes 3,3 Jesaja 43,1b
Hauptquittung	Hebräer 10,17 Kolosser 2,14
Lebensversicherung	Johannes 11,25 und 26
Liebesbrief	Galater 2,20 Johannes 13,1 Jeremia 31,3
Rechtsschutz	Römer 8,33-34 1. Johannes 2,1
Siegesurkunde	1. Korinther 15,57
Versicherung gegen Raub und Entwendung	Johannes 10,28 und 29
Verwahrschein	1. Petrus 1,4 2.Timotheus 1,12
Wasser- und Feuerversicherung	Jesaja 43,1-3b

Druckfehler

Wenn Sie einen

DRUCKFEHLER

finden, bedenken Sie, daß er beabsichtigt sein könnte.
Unser Blatt bringt für jeden etwas, denn es gibt immer Leute,
die nach Fählern suchen.

(Aus einer finnischen Tageszeitung)

Durchhilfen

Eines Nachts hatte ich einen Traum: Ich ging am Meer entlang mit meinem Herrn. Vor dem dunklen Nachthimmel erstrahlten, Streiflichtern gleich, Bilder aus meinem Leben. Und jedesmal sah ich zwei Fußspuren im Sand, meine eigene und die meines Herrn.

Als das letzte Bild an meinen Augen vorübergezogen war, blickte ich zurück. Ich erschrak, als ich entdeckte, daß an vielen Stellen meines Lebensweges nur eine Spur zu sehen war. Und das waren gerade die schwersten Zeiten meines Lebens.

Besorgt fragte ich den Herrn: »Herr, als ich anfing, dir nachzufolgen, da hast du mir versprochen, auf allen Wegen bei mir zu sein. Aber jetzt entdecke ich, daß in den schwersten Zeiten meines Lebens nur *eine* Spur im Sand zu sehen ist. Warum hast du mich allein gelassen, als ich dich am meisten brauchte?«

Da antwortete er : »Mein liebes Kind, ich liebe dich und werde dich nie allein lassen, erst recht nicht in Nöten und Schwierigkeiten. Dort, wo du nur *eine* Spur gesehen hast, da habe ich dich getragen.«

MARGARET FISHBACK POWERS

Einwand

Lieber Apostel Paulus,
wenn ich mal so sagen darf,
nicht wahr, du hast doch,
ich meine, was Jesus angeht,
genauer seine Auferstehung,
das nicht so wörtlich gemeint
eins Korinther fünfzehn
du weißt schon,
nur in dem Sinne wohl,
daß er sozusagen, geistig sinnbildlich gemeint,
in uns allen weiterlebt,
daß wir neuen Mut fassen, den Blick erheben
wie die Natur erneut aufblüht
so ähnlich eben,
es geht schon, die Sache geht schon weiter,
man muß sie vorantreiben, die gute Sache
an die wir doch alle irgendwie glauben,
den Fortschritt, mein' ich, Mitmenschlichkeit und so,
Friede, nicht wahr,
das wolltest du doch sagen –
Nein?

LOTHAR ZENETTI

Engel

Es müssen nicht Männer mit Flügeln sein,
die Engel.
Sie gehen leise, sie müssen nicht schrein,
oft sind sie alt und häßlich und klein,
die Engel.
Sie haben kein Schwert, kein weißes Gewand,
die Engel.
Vielleicht ist einer, der gibt dir die Hand,
oder wohnt neben dir, Wand an Wand,
der Engel.
Dem Hungernden hat er das Brot gebracht,
der Engel.
Dem Kranken hat er das Bett gemacht,
er hört, wenn du ihn rufst, in der Nacht,
der Engel.
Er steht im Weg und er sagt Nein,
der Engel,
groß wie ein Pfahl und hart wie ein Stein –
es müssen nicht Männer mit Flügeln sein,
die Engel.

RUDOLF OTTO WIEMER

Ersatz

Ich wollte Nähe
und bekam
die Flasche.

Ich wollte Eltern
und bekam
Spielzeug.

Ich wollte reden
und bekam
ein Buch.

Ich wollte lernen
und bekam
Zeugnisse.

Ich wollte Liebe
und bekam
Moral.

Ich wollte einen Beruf
und bekam
einen Job.

Ich wollte Glück
und bekam
Geld.

Ich wollte Freiheit
und bekam
ein Auto.

Ich wollte einen Sinn
und bekam
eine Karriere.

Ich wollte Hoffnung
und bekam
Angst.

Ich wollte ändern
und erhielt
Mitleid.

Ich will leben … (N. N.)

Erziehung

12 Regeln für Eltern, um ihre Kinder falsch auf das Leben vorzubereiten.

1 Geben Sie Ihrem Kind von Anfang an alles, was es will. Es wächst dann in der Überzeugung auf, daß die ganze Welt ihm gehört.

2 Wenn Ihr Kind unpassende Ausdrücke verwendet, brauchen Sie nur darüber zu lachen; es wird sich dann für besonders geistreich halten.

3 Hüten Sie sich vor jeder geistigen Erziehung. Wenn Ihr Kind 18 Jahre alt ist, wird es dann »selbst wählen«.

4 Sagen Sie niemals zu ihm: »Das ist nicht recht!« Es könnte möglicherweise einen Schuldkomplex bekommen (und wenn es später einmal wegen Autodiebstahl verhaftet wird, so könnte es denken, daß es von der ganzen Menschheit verfolgt wird).

5 Wenn Ihr Kind Unordnung schafft, so räumen Sie alles wieder auf; es wird dann überzeugt sein, daß immer die anderen verantwortlich sind.

6 Lassen Sie es lesen, was es will! Sterilisieren Sie sein Eßgeschirr, aber lassen Sie den Verstand Ihres Kindes ruhig »Bakterien fressen«.

7 Tragen Sie alle Ihre Ehestreitigkeiten im Beisein des Kindes aus. Sollte es später zu einer Scheidung kommen, so wird es sich wenigstens nicht wundern.

8 Geben Sie Ihrem Kind alles Geld, das es verlangt; es soll sich ja keins selbst verdienen. Wie schrecklich wäre es für Ihr Kind, wenn es begreifen würde, daß es ihm nicht besser geht als Ihnen.

9 Sorgen Sie dafür, daß Ihr Kind an Essen, Trinken und Komfort alles nur Erdenkliche erhält. Wie leicht könnte es sonst deprimiert sein.

10 Geben Sie ihm immer recht. Die Nachbarn, die Lehrer und die Polizeibeamten haben es ja nur auf das arme Kind abgesehen.

11 Wenn es dann wirklich ein Taugenichts geworden ist, so erklären Sie einfach, daß Sie nichts dafür können.

12 Bereiten Sie sich rechtzeitig auf ein dornenvolles Leben vor. Sie werden es bestimmt bekommen!

Evangelium

Evangelium ist ein griechisch Wort und heißt auf deutsch gute Botschaft, gute Märe, gute neue Zeitung, gut Geschrei, davon man singt, sagt und fröhlich ist. Gleich als David den großen Goliath überwand, kam ein gut Geschrei und tröstliche neue Zeitung unter das jüdische Volk, daß ihr greulicher Feind erschlagen und sie erlöst wären zu Freude und Friede, davon sie gesungen und gesprungen und fröhlich waren. Also ist das Evangelium Gottes und Neue Testament eine gute Mär und Geschrei, in alle Welt erschollen durch die Apostel, von einem rechten David, der mit Sünde, Tod und Teufel gestritten und überwunden habe und damit alle, die in Sünde gefangen, mit dem Tode geplagt, vom Teufel überwältigt gewesen, ohne ihr Verdienst gerecht, lebendig und selig gemacht hat und damit zufriedengestellt und Gott wieder heimgebracht. Davon sie singen, danken, Gott loben und fröhlich sind ewiglich, so sie das nur fest glauben und im Glauben beständig bleiben. Solches Evangelium auszurufen in alle Welt, hat Christus befohlen und hat damit allen, die da glauben, all sein Gut zu eigen gegeben, das ist sein Leben, mit dem er den Tod verschlungen, seine Gerechtigkeit, mit der er die Sünde vertilgt, und seine Seligkeit, mit der er die ewige Verdammnis überwunden hat. Nun kann ja der arme Mensch, der in Sünden tot und zur Hölle verstrickt ist, nichts Tröstlicheres hören als solche teure, liebliche Botschaft von Christus. Sein Herz muß von Grund aus lachen und fröhlich darüber werden, wenn er's glaubt, daß es wahr sei.

Vorrede aus dem »Septembertestament« von Martin Luther (1483–1546)

Evolution

Herr und Hund kommen in die Jahre

Fragen

Haben wir diesen Tag gelebt, Herr, wie es dir gefällt?
Sind wir geduldig, schlicht und liebevoll gewesen?
Haben wir jenen genug Zeit gegeben, die zu uns kamen?
Haben wir ihre Hoffnung erfüllt, wenn sie fragten?
Haben wir sie umarmt, wenn sie weinten?
Haben wir sie aufgemuntert, bis sie wieder lachen konnten?
Haben wir in all ihren Leiden gebetet?
Haben wir mit dem Brot Blumen gegeben?
Haben wir deine Freude zum Blühen gebracht?
Sind wir unseren Brüdern immer Bruder gewesen?
Wenn das alles nicht so war, Herr, verzeih uns.
Und selbst wenn es so war, genügt es nicht.
Umgib uns jeden Tag mit mehr Liebe, Herr,
bis zum großen Licht deiner Unendlichkeit.

Abendgebet der
»Kleinen Brüder und Schwestern Jesu«,
die dem Beispiel
CHARLES DE FOUCAULDS *folgend leben.*

Freiräume

1 *Das Unerwartete erwarten.* Fast alles nimmt mehr Zeit in Anspruch, als wir geplant haben. Wenn wir z. B. immer zu spät kommen, sollten wir versuchen, unseren Aufgaben zwanzig Prozent mehr Zeit zuzurechnen.

2 *»Nein« sagen lernen.* »Nein« zu sagen ist nicht nur eine gute Idee – es ist eine Notwendigkeit. Wenn es hundert gute Dinge zu tun gibt, ich aber nur Zeit für zehn habe, muß ich neunzig Mal »nein« sagen, auch wenn es schwerfällt. Das Wichtige vor das Eilige setzen!

3 *Aktivitäten beschneiden.* Unsere Aktivitäten und Verpflichtungen wachsen ständig und ufern irgendwann aus. Es ist allgemein schwieriger, etwas aufzuhören als es anzufangen. Und doch müssen wir von Zeit zu Zeit unsere Beschäftigungen beschneiden wie einen Strauch oder Baum. Ganz nach dem Motto: »Ein ausgeruhter Acker trägt viel Frucht!«

4 *Einfachheit üben.* Wir besitzen und kaufen viele Dinge, die wir nicht brauchen. Das raubt Zeit. Der englische Publizist G. K. Chesterton hat einmal gesagt: »Es gibt nur zwei Wege, genug zu kriegen: 1. Weiter mehr und mehr anzuschaffen, und 2. weniger von allem verlangen.« Überflüssige Beschäftigungen und Besitztümer sind Zeitdiebe. Was brauchen Sie wirklich?

5 *Genießen von Vergangenem.* Lassen Sie Freiräume zwischen Ihren Aktivitäten! Denken Sie in Ruhe über Erlebtes nach! Haben Sie eigentlich schon die Fotos von Ihrem letzten Urlaub eingeklebt?

6 *Zeit für Entscheidungen.* Einblick, Durchblick, Erkenntnis – all das wächst nicht über Nacht. Selten sind sie das Produkt einer schnellen Überlegung oder Tat. Je wichtiger eine Entscheidung, desto langsamer sollten Sie sie treffen. Nehmen Sie sich Zeit, Klarheit zu finden!

7 *Zeit zum Zuhören.* Versuchen Sie heute, mindestens zwei Menschen zuzuhören, ohne sie zu unterbrechen oder innerlich abzuschalten! Wenn wir überlastet sind, werden wir müde. Müdigkeit aber macht gleichgültig, und Gleichgültigkeit kann von dem Partner, Kind oder Freund als Mangel an Liebe verstanden werden. Nehmen Sie sich Zeit, anderen wirklich zuzuhören!

8 *Lernen Sie warten.* Stellen Sie sich z. B. an der längsten Schlange vor der Supermarkt-Kasse an. Das empfehlen übrigens auch Herzspezialisten – und Sie üben sich in Geduld!

9 *Freiraum für sich selbst!* Warum? Damit Sie Ihr Leben begutachten und bewerten können. Damit Sie Bilanz ziehen können und sich in Zukunft auf das Wesentliche konzentrieren.

10 *Freiraum für Gott schaffen.* Dies ist wohl der wichtigste und ergiebigste Rat. Denn erst in der Gegenwart dessen, der Ihr Leben und Ihre Zeit in seinen Händen hält, bekommen Sie die richtige Lebensperspektive. Hier können Sie auftanken, sich ausruhen, abladen und von Gott selbst lernen. »Kommt her zu mir, alle, die ihr mühselig und beladen seid; ich will euch erquicken; nehmt auf euch mein Joch und lernt von mir; denn ich bin sanftmütig und von Herzen demütig; so werdet ihr Ruhe finden für eure Seelen« (Mt 11, 28 und 29).

Freundschaft mit Gott

Eigne dir die Gewohnheit an,
mit Gott zu sprechen,
der ganz für dich da ist,
ganz Liebe.

Sprich vertraulich und mit grenzenlosem Vertrauen, wie zu deinem besten Freund, der ganz von Liebe erfüllt ist.
Sprich oft mit Gott – von deinem Leben, deinen Plänen, deinen Sorgen, deinen Freuden und deinen Befürchtungen – von allem, was dich bewegt; vor allem aber sprich vertraulich und freimütig mit Gott; denn er spricht nicht gerne mit jemandem, der sich ihm nicht anvertrauen will.
Sprich deine Gedanken voll Vertrauen aus. Bedenke, daß Gott nicht wartet, bis du kommst. Er kommt dir immer zuvor. Sein Antlitz ist dir stets zugewandt.

ALFONS VON LIGUORI (1696–1787)

Friedensgebet

Herr, mache mich zum Werkzeug deines Friedens:
daß ich Liebe übe, wo man sich haßt;
daß ich verzeihe, wo man sich beleidigt;
daß ich verbinde, wo Streit ist;
daß ich die Wahrheit sage, wo der Irrtum herrscht;
daß ich den Glauben bringe, wo der Zweifel drückt;
daß ich Hoffnung wecke, wo Verzweiflung quält;
daß ich Licht entzünde, wo die Finsternis regiert;
daß ich Freude mache, wo der Kummer wohnt.

Ach Herr, laß du mich trachten:
nicht, daß ich getröstet werde, sondern daß ich andere tröste;
nicht, daß ich verstanden werde, sondern daß ich andere verstehe;
nicht, daß ich geliebt werde, sondern daß ich andere liebe.

Denn wer da hingibt, der empfängt; wer sich selbst vergißt, der findet;
wer verzeiht, dem wird verziehen; und wer stirbt, erwacht zum ewigen Leben.

Franz von Assisi *zugeschrieben,*
aber erst im 20. Jahrhundert unter französischen Franziskanern entstanden

Frömmigkeit

Fragen
ist die Frömmigkeit
des Denkens

Staunen
ist die Frömmigkeit
des Schauens

Anbeten
ist die Frömmigkeit
des Glaubens

Friso Melzer

Gastfreundschaft

Rabbi Schmuel von Brysow war einer der von seiner chassidischen Richtung am höchsten geachteten Männer. Und er war reich.

Eines Tages kam eine große Gruppe von Kaufleuten nach Brysow, und zwar kurz vor Sabbatanbruch, so daß sie sich entschlossen, den Festtag über in der Stadt zu bleiben. Sie kamen zu Rabbi Schmuel und erkundigten sich, ob sie in seinem Hause wohnen und das Sabbatmahl mit ihm teilen dürften. Rabbi Schmuel erwiderte, er könne ihnen beides anbieten, allerdings nur gegen Bezahlung, und dann nannte er sogar noch eine recht hohe Summe, die sie für ihren Aufenthalt zu bezahlen hätten.

Die Reisenden waren befremdet, daß ein Chassid für die Wohltat der Gastfreundschaft Bezahlung verlangte, aber da sie keine Wahl hatten, nahmen sie sein Angebot an. Und so aßen und tranken die Kaufleute über den Sabbat zur Genüge, ja verlangten sogar noch erlesene Weine und ausgewählte Speisen als Entgelt für den hohen Preis, den sie zu entrichten haben würden. Auch zögerten sie nicht, alle möglichen Sonderwünsche zu äußern.

Als der Sabbat vorüber war und die Kaufleute ihre Reise fortsetzen wollten, traten sie in Rabbi Schmuels Studierzimmer, um die vereinbarte Summe zu entrichten. Der aber brach in Lachen aus: »Glaubt ihr, ich habe den Verstand verloren? Wie könnte ich Geld annehmen für das Privileg, Reisenden Gastfreundschaft zu gewähren?« Die Kaufleute sahen einander verständnislos an: »Warum habt Ihr uns dann nur unter der Bedingung aufgenommen, daß wir Euch hoch bezahlen?«

Da erklärte Rabbi Schmuel: »Ich fürchtete, es könnte euch peinlich sein, auch genug zu essen oder die besten Weine zu trinken, wenn ihr euch nur als meine Gäste fühlt. Und – seid ehrlich, hatte ich nicht recht?«

Gebetshilfen

1 *Ich kann aber nicht beten!* Ganz stimmt das ja nicht: Einen Seufzer, einen Hilferuf an deinen Gott bekommst du schon noch über die Lippen. Sage deinem Herrn, daß du nicht beten kannst – und siehe, du betest schon!

2 Beten ist keine vorweisbare Leistung. Es kommt nicht darauf an, daß wir »schön« beten, sondern daß wir echt beten.

3 Wenn bewußte Sünde zwischen uns und Gott ist, müssen wir uns nicht wundern, wenn unsere Gebete nicht »ankommen« (Jesaja 1,15; 59,2). Sünde muß bekannt werden.

4 Hast du vergeben?

5 Viele haben aufgehört zu lieben, weil sie aufgehört haben, füreinander zu danken. Viele haben aufgehört zu beten, weil sie aufgehört haben zu lieben!

6 Wer liebt, hat Zeit!

7 »Wenn ich fühle, daß ich bin kalt und unlustig zu beten geworden (wie denn das Fleisch und der Teufel allewege das Gebet hindern und wehren), nehme ich mein Psalterlein, laufe in die Kammer, oder so es der Tag und die Zeit ist, in die Kirche zum Haufen und hebe an die Zehn Gebote und danach ich Zeit habe, etliche Sprüche Christi, Pauli oder Psalmen, mündlich bei mir zu sprechen allerlei, wie die Kinder tun!« (Luther)

8 Das Gebet ist Echo auf das Wort Gottes. Lassen wir es so lange in uns hinein, bis dieses Echo hervorkommt!

9 Bleibe mit deiner Gebetsnot nie allein. Vertraue sie einem Bruder oder einer Schwester an, daß er oder sie in dieser Zeit für dich einsteht.

10 Sage aber auch dem Herrn deine Gebetsarmut. Du darfst aus »seiner Fülle Gnade um Gnade« – auch für diese Not – nehmen.

11 Vielleicht hat deine Gebetsarmut auch etwas mit Stolz zu tun. Gab es eine Zeit, wo du dich für »geistlicher« als andere gehalten hast? Wolltest du früher ein Beter oder eine Beterin werden wie ...? Dafür müssen wir den Herrn um Vergebung bitten. Du bist kein großer Heiliger! Du bist Du!

12 Der Heilige Geist ist ein Geist des Gebets! Wer erfüllt ist mit dem Heiligen Geist, der betet!

Gewaltlosigkeit

Meditiere täglich über die Lehre und das Leben Jesu.
Denke immer daran, daß die Gewaltlosigkeit Gerechtigkeit und Versöhnung sucht, nicht den Sieg.
Geh und sprich liebevoll, denn Gott ist die Liebe.
Bete täglich, Gott möge dich brauchen, damit alle Menschen frei werden.
Opfere persönliche Wünsche, damit alle Menschen frei werden.
Beachte im Umgang mit Freunden und Feinden die Regeln des Anstandes.
Suche den Mitmenschen und der Welt zu dienen.
Übe keine Gewalt aus, auch nicht in Worten und Gedanken.
Strebe danach, geistig und körperlich gesund zu sein.

MARTIN LUTHER KING (1929–1968)

Glück

... oder warum der Schäfer jedes Wetter liebt.

Ein Wanderer: »Wie wird das Wetter heute?«

Der Schäfer: »So, wie ich es gerne habe.«

»Woher wißt Ihr, daß das Wetter so sein wird, wie Ihr es liebt?«

»Ich habe die Erfahrung gemacht, mein Freund, daß ich nicht immer das bekommen kann, was ich gerne möchte. Also habe ich gelernt, immer das zu mögen, was ich bekomme. Deshalb bin ich ganz sicher: Das Wetter wird heute so sein, wie ich es mag.«

Was immer geschieht, an uns liegt es, Glück oder Unglück darin zu sehen.

Gott

Frühling Sommer Herbst

Grabinschrift

Noch eine kleine Zeit,
So ist's gewonnen,
So ist der ganze Streit
In Nichts zerronnen.
Dann kann ich ruhn
In Rosengärten,
Ohn jedes Unterbrechen
Bei Gott im Himmelreich
Mit meinem Jesus sprechen.

Strophe eines dänischen Kirchenliedes, von
SÖREN KIERKEGAARD (1813–1855)
als Inschrift seines Grabsteins ausgewählt.

Hände

Menschenhände		*Gottes Hand*
gewalttätig	☞	gewaltig
demütigend	☞	demütig
besorgniserregend	☞	fürsorglich
fordernd	☞	fördernd
geballt	☞	geöffnet

Hingabe

O Herr,

Ich gebe mich ganz in deine Hände.
Mache mit mir, was du willst.
Du hast mich für dich geschaffen.
Ich will nicht mehr an mich selber denken.
Ich will dir folgen.
Geh deinen eigenen Weg mit mir.
Was du auch forderst, ich will es tun.
Ich opfere dir die Wünsche,
die Schwächen, die Pläne, die Meinungen,
die mich von dir fernhalten
und mich auf mich selbst zurückwerfen.
Mache mit mir, was du willst.
Ich feilsche um nichts.
Ich suche nicht im voraus zu erkunden,
was du mit mir vorhast.
Ich will das sein,
wozu du mich haben willst.
Ich will all das sein,
wozu du mich machen willst.
Wie die Sonnenuhr von der Sonne,
so will ich allein bestimmt sein von dir.
Ich gebe mich dir ganz.

John Henry Newman (1801–1890)

Ich kann

Herr,
ich danke dir,
daß ich so vieles kann.

Herr,
ich danke dir,
daß ich so vieles kann.
Und ich bitte dich,
daß ich meine Fähigkeiten
richtig einsetze.

Ich kann:
sehen
hören
riechen
schmecken
fühlen
greifen
gehen
lesen
schreiben
denken
beten
danken
bitten
lieben ...

Identität

Kennst du deine Identität als Christ?

Du bist
ein Baum, gepflanzt an Wasserbächen, *Psalm 1,3,*
ein wasserreicher Garten, *Jeremia 31,12,*
ein Adler, der auffliegt, *Jesaja 40,31,*
ein Schaf auf Gottes Weide, *Psalm 79,13,*
eine Säule im Hause Gottes, *Offenbarung 3,12,*
ein Tempel des Heiligen Geistes, *1. Korinther 6,19,*
eine Rebe am Weinstock, *Johannes 15,5,*
ein Bote, der gute Nachricht bringt, *Markus 16,15,*
ein Zeuge Christi, *Apostelgeschichte 1,8,*
ein Freund Jesu, *Johannes 15,15,*
ein königlicher Priester, *1. Petrus 2,9,*
ein Überwinder, *Römer 8,37,*
ein Kind des Allerhöchsten, *Johannes 1,12,*
ein Erbe, *Römer 8,17,* und
das Licht der Welt, *Matthäus 5,14.*

Grund zum Größenwahn?
Dies alles sind wir aus Gnade,
damit sich keiner rühme.

Jahreskreis

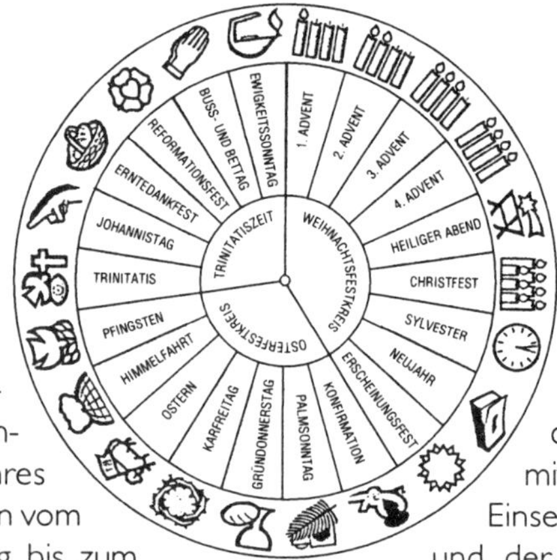

Das Kirchenjahr ist in den natürlichen Lebenszyklus der Jahreszeiten eingebettet. Es legt die »Gute Nachricht« für Tag und Stunde im Laufe des Jahres fest. Die Christen gehen vom ersten Adventssonntag bis zum Ewigkeitssonntag von den Aussagen der Heiligen Schrift her den Weg Christi nach und erfahren darin die Nähe und Segnung Gottes. Die Folge der biblischen Lesungen und Predigttexte, der Gebete und Lieder entspricht dem Gang des Kirchenjahres.

Die vier Adventssonntage führen hin auf Weihnachten, das Fest der Menschwerdung Gottes. Epiphanias (das Erscheinungsfest), die nachfolgenden Sonntage und drei Vorbereitungssonntage bilden die Brücke zur Passions- oder Leidenszeit. Zur Passionszeit gehören sechs Sonntage und in der Karwoche der Gründonnerstag mit dem Gedenken an die Einsetzung des Abendmahls und der Karfreitag als Tag der Kreuzigung.

Ostern, dem Auferstehungsfest, folgen die sechs Sonntage nach Ostern mit dem Himmelfahrtstag vierzig Tage nach Ostern. An die Ausgießung des Heiligen Geistes erinnert Pfingsten fünfzig Tage nach Ostern. Die danach kommenden Sonntage werden von Trinitatis, dem Dreifaltigkeitstag, an gezählt. Am Ende des Kirchenjahres wird der Bußtag gefeiert und der Ewigkeitssonntag mit dem Totengedenken.

Jesus Christus nach dem Johannes-Evangelium

Kapitel 1: Jesus, das Wort *Verse 1–5*
Jesus das Lamm und der Sohn Gottes *Verse 29–34*
Kapitel 2: Jesus, der Menschensohn *Verse 23–25*
Kapitel 3: Jesus, der Lehrer *Verse 5–16*
Kapitel 4: Jesus, der Seelengewinner *Verse 35–38*
Kapitel 5: Jesus, der große Arzt *Verse 5–9*
Kapitel 6: Jesus, das Brot des Lebens *Verse 48–51*
Kapitel 7: Jesus, die Quelle des Lebens *Verse 37–38*
Kapitel 8: Jesus, der Schutz der Armen *Verse 3–11*
Kapitel 9: Jesus, das Licht der Welt *Verse 1–5*
Kapitel 10: Jesus, der gute Hirte *Verse 11–14*
Kapitel 11: Jesus, die Auferstehung und das Leben *Verse 25–26*
Kapitel 12: Jesus, der König *Verse 12–15*
Kapitel 13: Jesus, der Knecht *Verse 12–15*
Kapitel 14: Jesus, der Tröster *Verse 1–3*
Kapitel 15: Jesus, der rechte Weinstock *Verse 1–5*
Kapitel 16: Jesus, der Geber des Heiligen Geistes *Verse 7–11*
Kapitel 17: Jesus, der Fürsprecher *Verse 1–3*
Kapitel 18: Jesus, das Vorbild im Leiden *Verse 11–13a*
Kapitel 19: Jesus, der erhöhte Heiland *Verse 16–18*
Kapitel 20: Jesus, der Sieger über den Tod *Verse 19–21*

Juden und Christen

1 Es ist hervorzuheben, daß ein und derselbe Gott durch das Alte und das Neue Testament zu uns allen spricht.

2 Es ist hervorzuheben, daß Jesus von einer jüdischen Mutter aus dem Geschlechte Davids und aus dem Volk Israel geboren wurde, und daß seine ewige Liebe und Vergebung sein eigenes Volk und die ganze Welt umfaßt.

3 Es ist hervorzuheben, daß die ersten Jünger, die Apostel und die ersten Märtyrer Juden waren.

4 Es ist hervorzuheben, daß das höchste Gebot für die Christenheit, die Liebe zu Gott und zum Nächsten, schon im Alten Testament verkündigt, von Jesus bestätigt, für beide, Christen und Juden, gleich bindend ist, und zwar in allen menschlichen Beziehungen und ohne jede Ausnahme.

5 Es ist zu vermeiden, daß das biblische und nachbiblische Judentum herabgesetzt wird, um dadurch das Christentum zu erhöhen.

6 Es ist zu vermeiden, das Wort »Juden« in der ausschließlichen Bedeutung »Feinde Jesu« zu gebrauchen, oder auch die Worte »Die Feinde Jesu«, um damit das *ganze* jüdische Volk zu bezeichnen.

7 Es ist zu vermeiden, die Passionsgeschichte so darzustellen, als ob alle Juden oder die Juden allein mit dem Odium der Tötung Jesu belastet seien. Tatsächlich waren es nicht alle Juden, welche den Tod Jesu gefordert haben. Nicht die Juden allein sind dafür verantwortlich, und es ist immer christliche Lehre gewesen, daß das Kreuz, das uns alle rettet, uns offenbart, daß Christus für unser aller Sünden gestorben ist.

8 Es ist zu vermeiden, daß die Verfluchung in der Heiligen Schrift oder das Geschrei einer rasenden Volksmenge »Sein Blut komme über uns und unsere Kinder« behandelt wird, ohne daran zu erinnern, daß dieser Schrei die Worte unseres Herrn nicht aufzuwiegen vermag: »Vater, vergib ihnen, denn sie wissen nicht, was sie tun«, Worte, die unendlich mehr Gewicht haben.

9 Es ist zu vermeiden, daß der gottlosen Meinung Vorschub geleistet wird, wonach das jüdische Volk verworfen, verflucht und für ein ständiges Leiden bestimmt sei.

10 Es ist zu vermeiden, die Tatsache unerwähnt zu lassen, daß die ersten Mitglieder der Kirche Juden waren.

Erklärung der Seelisberger Konferenz von 1947

Kinder

Gott,
du hast uns fünf Kinder
gegeben
mit geraden Gliedern
und wachem Verstand.
Dafür danke ich dir.

In der Schule lernten sie oft mehr
schlecht als recht, und von den fünfen
blieben viere einmal sitzen.
Du lehrst mich,
daß überzogene Erwartungen
wie Seifenblasen zerplatzen
und daß es nur wichtig ist,
alle Fähigkeiten zu wecken,
die in ihnen stecken.
Dafür danke ich dir.

Zwei waren längere Zeit arbeitslos,
einer rutschte in die Haschszene ab.
Du lehrst mich, daß Geduld und Liebe
einen Menschen befähigen,
sich aus eigener Kraft
wieder auf die Beine zu stellen.
Dafür danke ich dir.

Von den fünfen
gehen noch drei in die
Kirche (unregelmäßig),
und das ist ein Stachel in
meinem Fleisch.
Aber wir reden über dich,
und du lehrst mich, daß es wichtig ist,
mich mit deinem Wort auseinanderzusetzen,
damit ich Rede und Antwort stehen kann.
Dafür danke ich dir.

Vier sind inzwischen verheiratet,
sie brachten als Partner Menschen ins Haus,
die wir achten und lieben können,
und wir haben gesunde Enkel.
Du lehrst mich,
daß Kinder Freunde werden,
wenn man ihnen das eigene Leben gönnt.
Dafür danke ich dir.

Fünf Kinder hast du uns gegeben,
und du liebst sie mehr als ich es kann,
darum gebe ich sie in deine Hand.

Ilse Echterhoff

Kirchendeutsch

Wir gehen aufeinander zu.
Wir bringen uns ein.
Wir tun uns schwer.
Das macht mir Not.
Das macht mir Angst.
Ich habe Bedenken.
Da habe ich meine Anfragen.
Da habe ich Bauchschmerzen.
Damit habe ich meine Schwierigkeiten.
Ich weiß darum.
Ich bin betroffen.
Ich bin echt irgendwo betroffen.
Ich bin ein Stück weit betroffen.
Das ist angesagt.
Was wird da abgerufen?
Das müssen wir aufarbeiten.
Das müssen wir nachbereiten.
Das müssen wir aufbereiten.
Das müssen wir hinterfragen.
Das müssen wir im Vorfeld hinterfragen.
Das müssen wir einklagen.
Das müssen wir einfordern.
Das müssen wir gleichsam einfordern.
Das müssen wir ganz gezielt einfordern.
Das müssen wir zulassen.
Darauf müssen wir uns einlassen.
Das dürfen wir nicht ausgrenzen.
Was läuft hier ab?
Das kommt so bei mir an.
Es kommt nichts rüber.
Es kommt absolut nichts rüber.
Es kommt ganz konkret nichts rüber.
Wir sind im Klärungsprozeß.
Wir sind im Entscheidungsprozeß.
Wir sind im Rollenfindungsprozeß.

Gesammelt und notiert von der
Berliner Synodalin und Stadtältesten
Dr. Ursula Besser

Kirchgänge

Ein französischer Geistlicher
hat folgendes Plakat an seine Kirchentür angeschlagen:

*»Eines Tages hat Ihre Mutter Sie hierher gebracht,
später Ihre zukünftige Frau.
Eines noch späteren Tages werden Ihre Freunde Sie trauernd
hierhergeleiten.
Versuchen Sie doch auch einmal allein zu kommen!«*

Komisches

Komisch, daß ein Zwanzigmarkschein so groß ausschaut, wenn man ihn in die Kollekte gibt, aber so klein, wenn man an der Kasse im Supermarkt steht.

Komisch, wie lang zwei Stunden sein können, wenn man in der Kirche sitzt, und wie kurz sie sind, wenn man auf einer Party ist.

Komisch, daß wir uns freuen, wenn ein Fußballspiel in die Verlängerung geht, aber uns ärgern, wenn der Gottesdienst länger dauert als üblich.

Komisch, wie schwer es fällt, ein Kapitel der Bibel im Zusammenhang zu lesen, und wie leicht, einen 300seitigen Roman zu verschlingen.

Komisch, wie schwierig es ist, die christliche Botschaft weiterzusagen, und wie leicht, Klatsch und Tratsch zu verbreiten.

Komisch, wie viele Leute im Stadion in der erste Reihe sitzen wollen, aber in der Kirche am liebsten in der letzten.

Komisch, daß es oft unmöglich ist, einen freien Termin für eine Glaubenskonferenz ein Jahr im voraus zu finden, während für andere Dinge ganz spontan Zeit da ist.

Komisch, daß Eltern sich so viele Sorgen um den Schulunterricht machen, aber so wenig über die Sonntagsschule.

Komisch, daß jeder gern in den Himmel kommen will – aber bitte ohne etwas glauben, denken oder sagen zu müssen.

Das alles wäre zu komisch, wenn es nicht zu wahr wäre.

Aus der indischen Zeitschrift
»Licht des Lebens«

Kommunikation

The most important six words:
»I admit I made a mistake.«

The most important five words:
»I am proud of you.«

The most important four words:
»What is your opinion?«

The most important three words:
»Would you please.«

The most important two words:
»Thank you.«

The most important one word:
»We.«

Kontrollfragen

Wofür hat mich Gott geschaffen, wo liegt der Sinn meines Lebens?

Wozu hat mich Gott gerettet?

Was möchte ich auf meinem Grabstein stehen haben bzw. was sehe ich als Fazit meines Lebens an?

Was ist bzw. wem gilt meine größte Liebe?

Wovor fürchte ich mich am meisten?

Wieviel Zeit widme ich am Tag dem Fernsehen?

Wieviel Zeit nehme ich mir, um mich zu informieren (Presse, Funk und Fernsehen)?

Wie lange am Tag lese ich die Bibel für mich persönlich?

Wieviel Zeit räume ich täglich dem Gespräch mit Gott ein?

Wieviel Zeit verbringe ich in der Woche mit kirchlichen/gemeindlichen Aktivitäten?

Wieviel Zeit gebe ich gleichzeitig meiner Familie?

Was kommt heraus, wenn ich kräftig geschüttelt werde?
(Wie verhalte ich mich in Zeiten der Krise?)

GÜNTER KIENE

Kruzifix

Wann findet wohl die bayerische Staatsregierung endlich den Mut dazu, das Anbringen von Kruzifixen auch in den Asylantenheimen und in den Zellen von Abschiebehäftlingen zur Pflicht zu machen, damit diese Menschen erfahren, in wessen Namen sie abgeschoben werden?

Leserbrief
in der Süddeutschen Zeitung

Labyrinth

Labyrinth von Chartres
Begehbares Kreuzlabyrinth auf dem Fußboden der Kathedrale von Chartres, 12. Jahrhundert. Früher erlebten die Menschen in Buße und Gebet mit Hilfe dieses Labyrinthes den Weg zur Mitte leibhaftig. Wie führt der Weg in die Mitte?

Ich mache mich auf,
um die Mitte zu finden,
das Ziel meines Lebens.
Wenn ich es sehen kann,
ist der Weg dahin gerade und leicht.
Aber auf Umwege wird mein Schritt
geführt.
Mein Gott,
wie viele Biegungen liegen noch vor mir?
Manchmal glaube ich am Ziel zu sein.
Dann wieder stehe ich fast am Anfang.
Zögernd taste ich mich voran.

Ich erfahre:
Jede Umkehr bringt mich dir näher,
kein Schritt ist vergeblich
vor dir.
Ehe ich es verstehe,
liegt die neue Spur für mein Leben vor mir.

Lebenseinsicht

Du sollst dir klarmachen, daß die jüngeren, die verwandten oder sonst lieben Menschen beiderlei Geschlechts das Recht haben, ihre Wege nach ihren eigenen (nicht deinen) Grundsätzen, Ideen und Gelüsten zu gehen, ihre eigenen Erfahrungen zu machen und nach ihrer eigenen (nicht deiner) Fasson selig zu werden.

Du sollst ihnen also weder mit deinem Vorbild, noch mit deiner Altersweisheit, noch mit deiner Zuneigung, noch mit Wohltaten nach deinem Geschmack zu nahetreten.

Du sollst sie in keiner Weise an deine Person binden und dir verpflichten wollen.

Du sollst dich weder wundern noch gar ärgern und betrüben, wenn du merken mußt, daß sie öfters keine oder nur wenig Zeit für dich haben, daß du sie, so gut du es mit ihnen meinen magst und so sicher du deiner Sache ihnen gegenüber zu sein denkst, gelegentlich störst und langweilst, und daß sie dann unbekümmert an dir und deinen Ratschlägen vorbeibrausen.

Du sollst bei diesem ihrem Tun reumütig bedenken, daß du es in deinen jüngeren Jahren den damals älteren Herrschaften gegenüber vielleicht ganz ähnlich gehalten hast.

Du sollst also für jeden Beweis von echter Aufmerksamkeit und ernstlichem Vertrauen, der dir von ihrer Seite widerfahren mag, dankbar sein, du sollst aber solche Beweise von ihnen weder erwarten noch gar verlangen.

Du sollst sie unter keinen Umständen fallenlassen, sollst sie vielmehr, indem du sie freigibst, in heiterer Gelassenheit begleiten, im Vertrauen auf Gott auch ihnen das Beste zutrauen, sie unter allen Umständen liebhaben und für sie beten.

KARL BARTH

Lebensuhr

Was haben Sie mit dem Rest Ihres Lebens vor? Vergleicht man die durchschnittliche Lebenserwartung eines Menschen mit einem Tagesplan von 7.00 bis 23.00 Uhr, so erhält man erstaunliche Ergebnisse.

Was meinen Sie, wieviel Uhr es in Ihrem Alter ist?

mit 15 Jahren ist es 10.25 Uhr
mit 20 Jahren ist es 11.34 Uhr
mit 25 Jahren ist es 12.42 Uhr
mit 30 Jahren ist es 13.51 Uhr
mit 35 Jahren ist es 15.00 Uhr
mit 40 Jahren ist es 16.08 Uhr
mit 45 Jahren ist es 17.16 Uhr
mit 50 Jahren ist es 18.25 Uhr
mit 55 Jahren ist es 19.34 Uhr
mit 60 Jahren ist es 20.42 Uhr
mit 65 Jahren ist es 21.51 Uhr
mit 70 Jahren ist es 23.00 Uhr

Liebe

Freude ist die jubelnde Liebe
Friede ist die ruhende Liebe
Geduld ist die tragende Liebe
Freundlichkeit ist die ausstrahlende Liebe
Güte ist die mitteilsame Liebe
Treue ist die ausharrende Liebe
Sanftmut ist die wehrlose Liebe
Selbstbeherrschung ist die reine Liebe

EVA VON THIELE-WINCKLER

Wer die größere Wahrheit besitzt,
müßte es durch die größere Liebe
beweisen.

Pflichtbewußtsein ohne Liebe
macht verdrießlich.

Verantwortung ohne Liebe
macht rücksichtslos.

Gerechtigkeit ohne Liebe
macht hart.

Klugheit ohne Liebe
macht heuchlerisch.

Ordnung ohne Liebe
macht kleinlich.

Sachkenntnis ohne Liebe
macht rechthaberisch.

Besitz ohne Liebe
macht geizig.

Glaube ohne Liebe
macht fanatisch.

Ein *Leben* ohne Liebe
ist sinnlos.

Von einem Unbekannten

Mein Leben

Jesus Christus ist mein Leben:

meine Kraft *Psalm 27,1*
meine Weisheit *1. Korinther 1,30*
meine Heiligung *1. Korinther 1,30*
meine Gerechtigkeit *2. Korinther 5,21*
meine Erlösung *1. Korinther 1,30*
mein Friede *Johannes 16,33; Epheser 2,14*
mein Sieg *1.Korinther 15,57; Kolosser 2,15*
meine Freude *Johannes 15,11*
meine Hoffnung *Kolosser 1,27*
mein Gehorsam *Hebräer 10,7*
meine geistliche Fülle *Kolosser 2,9–10*
meine Gütigkeit *Galater 5,22*
die Quelle meiner Liebe *Johannes 17,26; 1. Johannes 4,8*
meine Freundlichkeit *Galater 5,22*
die Quelle meiner Vergebung *Lukas 24,47*
meine Geduld *Galater 5,22*
meine Ruhe *Matthäus 11,28; Hebräer 4,10*
meine Selbstbeherrschung *Galater 5,23*
meine Freiheit *Kolosser 2,16–17*
meine Sanftmut *Galater 5,23*
mein geistlicher Sinn *1. Korinther 2,16*
mein Glaube *Galater 5,22*
mein Zugang zu Gott *Johannes 14,6; Epheser 3,21*

Meschugge

Zwei Juden treffen sich am Flughafen,
der eine verläßt Israel und der andere wandert ein.

Beide rufen sich zu:

»Bist du meschugge?«

Missionseifer

Zehn sichere Regeln, ein missionarisches Gespräch scheitern zu lassen.

1 Mache keine großen Umschweife, sondern komme direkt zur Sache. Frage deinen Gesprächspartner, ob er sich schon für Christus entschieden hat.

2 Verse der Heiligen Schrift sind ein wesentliches Element deines Gesprächs. Zitiere mindestens in jedem dritten Satz eine Bibelstelle wörtlich.

3 Mache deinem Gesprächspartner deutlich, daß der Glaube auf jede Frage eine klare Antwort hat und keine Zweifel zuläßt. Mit der Bekehrung werden automatisch alle Probleme gelöst.

4 Fühle dich überlegen und bringe das zum Ausdruck: Du bist das Kind Gottes, nicht er. Deshalb solltest du auch den Gesprächsverlauf voll und ganz bestimmen.

5 Am besten ist es, wenn ihr zu zweit oder zu dritt mit einem Fremden redet, dann habt ihr die besseren Karten und größere Bekehrungschancen.

6 Sollte ein Gesprächspartner eigene Erfahrungen oder Fragen ins Gespräch einbringen wollen, so nimm sie nicht ernst; es sind nur menschliche Gedanken und Ausflüchte.

7 Äußere Umstände wie bequeme Sitzgelegenheiten, Essen oder Getränke, gemütliche Beleuchtung oder ähnliches sind unnötig und lenken nur ab. Verzichte darauf.

8 Vermeide es grundsätzlich, über etwas anderes als über den Glauben und die Bekehrung zu Christus zu reden. Themen wie Schule, Sport, Politik, Philosophie oder ähnliches sind unbiblisch und ungeistlich.

9 Empfiehl deinem Gesprächspartner als weiterführende Literatur ausschließlich die Bibel (Luther oder Elberfelder). Alle anderen Druckerzeugnisse sind völlig daneben gegriffen, weil nutzlos und manchmal sogar gefährlich.

10 Sollte sich dein Gesprächspartner immer noch nicht bekehren wollen, so mache ihm unmißverständlich klar, welche fürchterlichen Konsequenzen (Hölle, Fegefeuer) das für ihn haben wird.

Arno Backhaus

Montagmorgen-Christen

An einem Montagmorgen stieg ein Pfarrer in einen städtischen Omnibus ein und bezahlte mit einem Geldschein. Als er einen Sitzplatz gefunden hatte, zählte er nach und merkte, daß ihm der Fahrer zuviel herausgegeben hatte. Er blieb zunächst sitzen und dachte über das nach, was anderen wohl als ein »glücklicher Zufall« erschienen wäre. Dreimal fand er einen Grund, das bißchen Geld zu behalten, aber schließlich blieb sein Gewissen in dem Kampf doch Sieger. Er stand auf, ging zu dem Busfahrer und sagte: »Sie haben mir vorhin zuviel Geld rausgegeben.«
Ohne aufzusehen erwiderte der Fahrer: »Ich weiß. Ich war gestern bei Ihnen in der Kirche und hörte Sie über das Gebot ›Du sollst nicht stehlen‹ sprechen. Da wollte ich eben ausprobieren, ob Sie auch tun, was Sie predigen.«

Morgen

»Wer aber weiß, was richtig ist,
und tut es trotzdem nicht,
der wird vor Gott schuldig.«

Jakobus 4,17

Keine Frage, wenn mir morgen einer über den Weg läuft,
der meine Hilfe braucht, dann helfe ich auch!
Und wenn morgen einer niedergeschlagen ist, dann will ich ihn ermutigen.
Und morgen will ich unserm Babysitter eine ganz besondere Freude machen.
Morgen will ich auch endlich die vielen, vielen Briefe beantworten,
die sich auf meinem Schreibtisch gestapelt haben.
Und morgen werde ich unserer Nachbarin erklären,
warum wir einen Fisch auf dem Auto kleben haben.
Morgen werde ich auch ganz sicher mit den Kindern rausgehen,
in den Wald, egal ob's regnet oder schneit.
Morgen hab ich's nicht so eilig, da kann ich dem Obdachlosen in der
Fußgängerzone eine heiße Wurst kaufen.
Und wenn ich morgen gestorben bin, dann mach ich's halt übermorgen.

Eva Smutny

Morgengebet

Gott, am Beginn dieses Tages reiche ich dir meine Hände und verspreche dir, nichts Böses zu tun oder zuzulassen.

Dir weihe ich diesen neuen Tag. Ich will halten, was ich versprach, und meine Leidenschaft zügeln.

Ich schäme mich meines Alters, weil ich immer noch lau bin; zögernd nur wage ich, hinzutreten zu deinem Tisch.

Herr, hilf, daß meine Vorsätze in Erfüllung gehen.

GREGOR VON NAZIANZ (4. Jahrhundert)

Nachbarschaft

Ein Mann wollte ein Bild aufhängen. Den Nagel hat er, nicht aber den Hammer. Der Nachbar hat einen. Also beschließt unser Mann, hinüberzugehen und ihn auszuborgen.

Doch da kommt ihm ein Zweifel: Was, wenn der Nachbar mir den Hammer nicht leihen will? Gestern grüßte er mich nur so flüchtig. Vielleicht war er in Eile. Aber vielleicht war die Eile nur vorgetäuscht, und er hat was gegen mich. Und was? Ich habe ihm nichts getan; der bildet sich da etwas ein.

Wenn jemand von mir ein Werkzeug borgen wollte, ich gäbe es ihm sofort. Und warum er nicht? Wie kann man einem Mitmenschen einen so einfachen Gefallen abschlagen? Leute wie dieser Kerl vergiften einem das Leben. Und dann bildet er sich noch ein, ich sei auf ihn angewiesen. Bloß weil er einen Hammer hat. Jetzt reicht's mir wirklich!

Und so stürmt er hinüber, läutet. Der Nachbar öffnet, doch bevor der »Guten Tag« sagen kann, schreit ihn unser Mann an: »Behalten Sie Ihren Hammer, Sie Rüpel!«

Nächtliche Erfahrung

Im Jahr der Gnade 1654
Montag, den 23. November, Tag des heiligen Klemens, Papst und Märtyrer, und anderer Märtyrer. Vorabend des Tages des heiligen Chrysogonos, Märtyrer, und anderer. Seit ungefähr abends zehneinhalb bis ungefähr eine halbe Stunde nach Mitternacht.

Feuer

Gott Abrahams, Gott Isaaks, Gott Jakobs, nicht der Philosophen und der Gelehrten. Gewißheit, Gewißheit, Empfinden. Freude. Friede. Gott Jesu Christi.
Deum meum et deum verstrum.
»Dein Gott wird mein Gott sein.« Vergessen der Welt und aller Dinge außer Gott. Nur auf den Wegen, die das Evangelium lehrt, ist er zu finden. Größe der menschlichen Seele. »Gerechter Vater, die Welt kennt dich nicht; ich aber kenne dich.«
Freude, Freude, Freude, Tränen der Freude. Ich habe mich von ihm getrennt.
Dereliquerunt me fontem aquae vivae.
»Mein Gott, warum hast du mich verlassen?« Möge ich nicht auf ewig von ihm geschieden sein. »Das aber ist das ewige Leben, daß sie dich, der du allein wahrer Gott bist, und den du gesandt hast, Jesum Christum, erkennen.« Jesus Christus. Ich habe mich von ihm getrennt. Ich bin vor ihm geflohen, habe mich losgesagt von ihm, habe ihn gekreuzigt. Möge ich nie von ihm geschieden sein! Nur auf den Wegen, die das Evangelium lehrt, kann man ihn bewahren. Vollkommene und liebevolle Entsagung.
(Vollkommene Unterwerfung unter Jesus Christus und meinen geistlichen Führer. Ewige Freude für einen Tag der Mühe auf Erden. *Non obliviscar sermones tuos.* »Ich werde deine Worte nicht vergessen.« Amen.)

Diesen Merkzettel hatte der französische Mathematiker und Philosoph
Blaise Pascal *(1623–1662)*
zur Erinnerung an seine Bekehrung in sein Rockfutter eingenäht.

Naturgesetz

Es gibt ein Naturgesetz, daß nämlich eine Sache nur durch die Mittel erhalten werden kann, durch die sie erworben wurde.
Eine durch Gewalt erworbene Sache kann nur durch Gewalt erhalten werden. Eine durch Wahrheit erworbene Sache kann nur durch Wahrheit erhalten werden.

MAHATMA GANDHI (1869–1948)

Neues

*Das alte Haus verlassen,
das alte Leben hassen,
das neue Leben wagen
und neue Fragen fragen.
Das ist die Furcht des Geistes,
wer danach lebt, beweist es.*

*Die neuen Fragen fragen,
die neuen Worte sagen,
auf neuen Wegen gehen,
sich selber neu verstehen.*

*Sich selber neu verstehen
und neue Ziele sehen,
aus neuen Kräften leben,
zu neuen Zielen streben.*

*Zu neuen Zielen streben,
sich neue Formen geben,
den Glauben neu gestalten
und Gott die Treue halten.
Das ist die Frucht des Geistes,
wer danach lebt, beweist es.*

Neujahrswünsche

Miteinander reden und lachen,
sich gegenseitig Gefälligkeiten erweisen,
zusammen schöne Bücher lesen, sich necken,
dabei aber auch einander Achtung erweisen,
mitunter sich auch streiten ohne Haß,
so wie man es wohl einmal mit sich selbst tut,
manchmal auch in den Meinungen auseinandergehen
und damit die Eintracht würzen,
einander belehren und voneinander lernen,
die Abwesenden schmerzlich vermissen,
die Ankommenden freudig begrüßen –
lauter Zeichen der Liebe und Gegenliebe,
die aus dem Herzen kommen,
sich äußern in Miene, Wort und tausend freundlichen Gesten
und wie Zündstoff den Geist in Gemeinsamkeit entflammen,
so daß aus den Vielen eine Einheit wird.

AUGUSTINUS (354–430)

Ökumene

Der Begründer der Methodistenkirche, JOHN WESLEY (1707–1788), *hatte diesen Traum:*

Er kam an das Portal zur Hölle und fragte: »Was für Leute gibt es denn bei euch? Katholiken?« Antwort: »Ja, viele.« – »Auch Anglikaner?« Antwort: »Ja, viele.« – »Auch Lutheraner, Reformierte, Baptisten, Presbyterianer, Orthodoxe?« Immer kam die gleiche Antwort: »Ja, viele.« – »Etwa auch Methodisten?« – »Ja, viele.«

Betrübt ging Wesley weiter und kam an das Himmelsportal. Er klopfte bei der Auskunft und stellte die gleichen Fragen: »Sind hier Katholiken?« Antwort: Nein, kein einziger.« – »Anglikaner?« – »Nein, kein einziger.« – »Lutheraner, Reformierte, Baptisten ...?« Und immer die gleiche Antwort: »Nein, kein einziger.«

Erschrocken wollte Wesley nun wissen: »Ja, was für Leute sind denn im Himmel?« Antwort: »Hier gibt es nur Christen.«

Ora et labora

Wer Gott liebt – sagt Franz von Sales –, wird nicht nur zu bestimmten Zeitpunkten, nicht nur beim Morgen- und beim Abendgebet an Gott denken. Seine Gedanken werden ständig, zu jeder Stunde – rund um die Uhr – bei Gott sein. Entsprechend den zwölf Stunden des Tages haben Jugendliche die folgenden zwölf Regeln aufgestellt.

1 Beginne jedes Gebet damit, dich in Gottes Gegenwart zu versetzen.

2 Bete nicht hastig, um recht viel beten zu können, sondern bemühe dich, was du betest, von Herzen zu beten. Ein Vaterunser, innig gebetet, ist mehr wert als viele, rasch herunter geleiert.

3 Es ist gut, mündliche Gebete zu beten. Hast du aber die Gabe des innerlichen Gebetes, so soll dieses Gebet den Vorrang haben.

Zwölf Stunden hat der Tag

4 Ich empfehle dir vor allem das Gebet des Geistes und des Herzens. Wenn du Jesus oft betrachtest, wirst du von ihm erfüllt. Du lernst seine Art kennen und deine Handlungen nach den seinen formen.

5 Am Morgen: Überlege dir im voraus, welche Gelegenheiten, Gott zu dienen, dir an diesem Tag begegnen werden.

6 Nach dem Gebet: Bleib eine Zeitlang still. Wende dich ganz ruhig vom Gebet zur Arbeit hin und bleibe, solange es dir möglich ist, in der Gebetsstimmung.

7 Du mußt lernen, vom Gebet zu jeder Arbeit überzugehen. Das eine wie das andere ist ja Gottes Wille.

8 Herzensgebet: Erhebe dich oft zu Gott durch kurze, feurige Herzensgebete. Man kann sie in alle Arbeiten und Beschäftigungen einflechten, ohne diesen irgendwie zu schaden.

9 Sprich im Herzen oder mit dem Mund die Gebete aus, die dir im Augenblick die Liebe eingibt. Sie wird dich die richtigen Worte finden lassen.

10 So oft es dir tagsüber möglich ist, rufe deinen Geist in die Gegenwart Gottes zurück. Du wirst sein Auge auf dir ruhen sehen.

11 Am Abend: Danke Gott, daß er dich diesen Tag erhalten hat. Prüfe dein Verhalten während des ganzen Tages. Glaubst du, etwas Gutes getan zu haben, so danke Gott, Hast du aber gesündigt, dann bitte um Verzeihung.

12 Wer von Liebe erfaßt ist, hat seine Gedanken fast immer beim Geliebten; sein Herz strömt über von Zärtlichkeit. Ist der Geliebte fern, so versäumt er keine Gelegenheit, seiner Neigung durch Briefe Ausdruck zu geben. Er sieht keinen Baum, ohne in dessen Rinde den Namen des Geliebten zu schneiden. So können auch jene, die Gott lieben, nicht aufhören, an ihn zu denken, für ihn zu atmen, nach ihm zu streben, von ihm zu sprechen. Alles dient ihnen als Anregung dazu.

Johannes Haas

Pastoren, Pfarrer

Der anspruchsvollen Forderungen der Gemeindeglieder an die Bewerber um die Pfarrstelle überdrüssig, zog ein Kirchenältester einen Brief aus der Tasche und ließ vernehmen, daß dieser von einem neuen Kandidaten stamme, der sicher imstande sei, alle Stimmen auf sich zu vereinigen. Dann las er der Versammlung diesen Brief vor:

»Ich habe gehört, daß Ihre Gemeinde einen Pfarrer sucht und würde mich gerne als Bewerber vorstellen. Mir scheint, daß ich einige Eigenschaften habe, die Sie schätzen könnten. Ich habe die Gabe erhalten, mit Überzeugungskraft zu predigen. Auch habe ich einige Erfolge erzielt mit dem, was ich geschrieben habe. Manche sagen, ich könne gut organisieren. Tatsächlich habe ich in den meisten Orten, wo ich bisher gewesen bin, immer die Fäden fest in der Hand gehabt.

Andere haben an mir auch etwas auszusetzen. Ich habe schon die Fünfzig überschritten. Noch nie bin ich länger als drei Jahre ununterbrochen in einer Gemeinde gewesen. Einige dieser Gemeinden habe ich verlassen müssen, weil es Uneinigkeiten gegeben hat. Auch darf ich nicht verschweigen, daß ich drei- oder viermal im Gefängnis gesessen habe, wenn auch nicht gerade wegen eines wirklichen Verbrechens. Meine Gesundheit läßt zu wünschen übrig; aber trotzdem arbeite ich noch in meinem Handwerk, um mein Brot zu verdienen.

Die Gemeinden, denen ich bisher gedient habe, waren im allgemeinen klein, obwohl sie in großen Städten waren. An den meisten Orten habe ich mich nicht gerade gut mit den Vorstehern der anderen religiösen Gemeinschaften verstanden. Ja, um bei der Wahrheit zu bleiben: einige sind richtig aufsässig geworden mir gegenüber und haben mich aufs heftigste bekämpft. Verwaltungsarbeit ist nicht meine Stärke. Ich bin als einer bekannt, der mitunter vergißt, wen er getauft hat. Trotzdem würde ich mein Bestes tun, um Ihrer Gemeinde zu dienen, selbst wenn ich mir abermals etwas dazu verdienen müßte.«

Das gab ein Hallo. Man fragte sich in der Gemeindeversammlung, wie solch ein vorbestrafter, kränklicher, streitsüchtiger und gedächtnisschwacher Mann auf die Idee käme, sich zu melden. Unbedingt wollte man den Namen dieses unmöglichen Pfarrers wissen. Der Kirchenälteste antwortete: »Meine Herren, das ist der Apostel Paulus.«

Pharisäer

Mein lieber Pharisäer,
heute muß ich Dir leider eine alte Rechnung präsentieren, die jetzt folgendermaßen aussieht:

Auf der Erde leben	5.052.216.595	Menschen,
davon sind	1.212.531.983	Atheisten,
es bleiben also	3.839.684.612	übrig.
Davon sind aber	899.294.554	Muslime,
	656.788.157	Hindus,
und	404.177.328	Buddhisten,
so daß nur	1.879.424.573	als Christen in Frage kommen.
Leider sind davon	751.769.829	abergläubisch,
es bleiben also	1.127.654.744	übrig,
wovon jedoch	214.254.401	in irgendwelchen Sekten sind.
Von den restlichen	913.400.343	die sich als Christen bezeichnen,
haben	858.596.322	keine richtige Sündenerkenntnis.
Es bleiben noch	54.804.021	übrig,
davon sind aber	54.606.727	nur Mitläufer,
von den aktiven	197.294	»Christen«
leben	189.403	nicht nach der Bibel.
Es gibt dann nur noch	7.891	Christen,
von denen jedoch	7.889	zu oberflächlich sind.
Letztlich bleiben also nur	2	echte Christen übrig (Du und ich),

und nachdem, was mir Lukas über Dich im 18. Kapitel ab Vers 9 geschrieben hat, beginne ich auch langsam an Dir zu zweifeln!

Dein Zeitgenosse Jürgen Becker

Politische Predigt

Der ganze Unsinn der Diskussion über die politische Predigt hat mich immer nur geärgert. *Es gibt keine unpolitische Predigt.* Oder die angeblich unpolitische Predigt ist die politischste, nämlich die, indem sie die Welt verschweigt, in der die Gemeinde lebt, Gottes Wort verleugnet.
Es kann in extremen Situationen sogar so sein, daß du gar keine Predigt zu halten brauchst. Du brauchst dann nur den Text vorzulesen. Das hat dann seine unmittelbare Wirkung.
Ich habe ein unvergeßliches Erlebnis gehabt, das merkwürdigerweise selbst am Ort des Geschehens nicht völlig bekannt ist:
Karl Immer, Pastor in Barmen-Gemarke, in jenen finsteren Jahren, hat mir das vorgelebt. Es war der Sonntag nach dem Tage, den die Deutschen geschmackvollerweise »Reichskristallnacht« genannt haben, der 13. November 1938. Karl Immer stellte sich vor die Gemeinde hin, ohne Talar, und sagte seiner Gemeinde, ein paar hundert Meter von der Gemarker Kirche entfernt sei das Wort Gottes verbrannt worden. Er meinte damit die Zerstörung und das Anzünden der Barmer Synagoge in der Zur-Scheuren-Straße. Er wolle und könne deshalb heute keine Predigt halten. Er wolle nur zwei Texte vorlesen.
Und er las die Zehn Gebote in ihrer ursprünglichen Fassung und das Gleichnis vom barmherzigen Samariter, betete das Vater Unser und sagte: Wer die Texte richtig verstanden habe, der möchte doch bitte nachher zu ihm in die Sakristei kommen. Und es kamen nach meiner Erinnerung so vierzig oder fünfzig Gemeindemitglieder. Und dann haben wir in den nächsten Tagen mit gefälschten Pässen immerhin noch eine Reihe jüdischer Mitbürger aus dem »Deutschen Reich« herausgebracht.

Heinrich Albertz (1915–1993)

Prioritäten

Es kommt nicht darauf an, glücklich zu sein, sondern andere glücklich zu machen.
Es kommt nicht darauf an, geliebt zu werden, sondern zu lieben und anderen zum Segen zu sein.
Es kommt nicht darauf an, zu genießen, sondern mitzuteilen.
Es kommt nicht darauf an, sich selbst durchzusetzen, sondern sich selbst zu verleugnen.
Es kommt nicht darauf an, sein Leben zu finden, sondern es zu verlieren.
Es kommt nicht darauf an, seine eigene Befriedigung zu suchen, sondern befriedigt zu sein, indem wir andere befriedigen.
Es kommt nicht darauf an, daß Gott unseren Willen tut, sondern daß wir seinen Willen tun.
Es kommt nicht darauf an, ob wir lange leben, sondern daß unser Leben den rechten Inhalt hat.
Es kommt nicht darauf an, was die Menschen von uns denken und sagen, sondern was wir vor Gott sind.
Es kommt nicht darauf an, was wir tun, sondern wie und warum wir es tun.
Es kommt nicht darauf an, was wir sind, sondern wie wir sind.
Es kommt nicht darauf an, ob wir viel Erkenntnis haben, sondern ob wir das Erkannte in die Tat umsetzen.
Es kommt nicht darauf an, was wir scheinen, sondern was wir sind.
Es kommt nicht darauf an, daß wir dem Leiden entgehen, sondern daß das Leiden seinen Zweck an uns erreicht.
Es kommt nicht darauf an, wann wir sterben, sondern ob wir bereit sind, Gott zu begegnen.

Der einzige *Zweck* des Lebens: Gottes Verherrlichung.
Das einzige *Ziel:* Die Umgestaltung in Jesu Bild.
Die größte *Freude:* Das Tun seines Willens.
Die höchste *Seligkeit:* Die vollkommene Vereinigung mit Christus.

EVA VON TIELE-WINCKLER

Rassentrennung

Zu der Zeit, da Hendrik Verwoerd Ministerpräsident von Südafrika war, soll sich dort folgendes zugetragen haben:

Ein kleiner farbiger Junge, dessen Mutter als Näherin in einer weißen Wohngegend arbeitete, sah jeden Sonntag festlich gekleidete Menschen mit feierlichen Gesichtern in eine schöne große Kirche gehen. Sobald er aber ebenfalls dort hineinzuschlüpfen versuchte, wurde er davongejagt wie ein Hund. Er setzte sich unter einen Baum und weinte bitterlich. Eines Tages, als er wieder einmal ganz traurig unter seinem Baum saß, trat Jesus Christus zu ihm und tröstete ihn: »Mach dir nichts draus«, sprach der Herr, »mich lassen die da auch nicht hinein.«

DOROTHEA RAZUMOVSKY

Recht gläubig

Sie rauchen nicht,
aber sie atmen auch nicht
in tiefen Zügen die Luft ein.

Sie trinken keinen Wein,
aber sie finden auch keinen
Geschmack an der Milch.

Sie fluchen nicht,
aber sie rühmen auch nicht in
gewaltigen Worten,
weder Gedicht noch Gebet.

Sie mustern Mädchen und Frauen nicht
mit lüsternen Augen,
aber sie sind niemals außer Atem
vor Liebe und Lachen.

Sie spielen niemals nackt unter
der Sonne des Hochsommers;
es ist alles recht bleich und verwaschen;

der große Fürst liegt im Gefängnis.

George Target

Rettungstür

Meine Hoffnung

Mir ist es bisher wegen angeborener Bosheit und Schwachheit unmöglich gewesen, den Forderungen Gottes zu genügen.

Wenn ich nicht glauben darf, daß Gott mir um Christi willen dies täglich beweinte Zurückbleiben vergebe, so ist's aus mit mir.

Ich muß verzweifeln. Aber das laß ich bleiben. Wie Judas an den Baum mich hängen,
das tu ich nicht.

Ich hänge mich an den Hals oder Fuß Christi wie die Sünderin. Ob ich auch noch schlechter bin als diese, ich halte meinen Herrn fest.

Dann spricht er zum Vater: Dieses Anhängsel muß auch durch. Er hat zwar nichts
gehalten und alle deine Gebote übertreten. Vater, aber er hängt sich an mich. Was will's! Ich starb auch für ihn. Laß ihn durchschlupfen.

Das soll mein Glaube sein.

MARTIN LUTHER

Rezession

Es war einmal ein Mann in Amerika, der wohnte an einer Überlandstraße und verdiente sich seinen Lebensunterhalt mit dem Verkauf von Hot Dogs am Straßenrand.

Seine Ohren waren nicht so gut, darum hörte er nie Radio. Seine Augen waren nicht so gut, darum las er nie Zeitung. Gut aber waren die Hot Dogs, die er verkaufte, und er stellte Schilder an die Straße und rief: »Einen Hot Dog gefällig?«

Er erhöhte seine Bestellung für Würstchen und Brötchen. Er kaufte sich einen größeren Ofen, um mit dem Geschäft Schritt zu halten. Schließlich brauchte er einen Helfer und holte seinen Sohn vom College zurück. Und folgendes geschah:

Der Sohn sagte: »Vater, hast du denn nicht Radio gehört? Hast du denn nicht Zeitung gelesen? Wir haben eine riesige Rezession! In Europa ist die Lage schlimm. Bei uns in Amerika ist sie noch schlimmer. Alles geht vor die Hunde.« Worauf der Vater sagte: »Mein Sohn war auf dem College. Er liest Zeitung und hört Radio. Er wird es ja wohl wissen.«

Daraufhin reduzierte er seine Bestellungen für Würstchen und Brötchen, nahm seine Reklameschilder herein und sparte sich die Mühe, sich selbst an die Straße zu stellen und seine Hot Dogs anzupreisen. Und praktisch über Nacht brach sein Geschäft zusammen.

»Du hast recht, mein Junge«, sagte der Vater zum Sohn, »wir befinden uns wirklich mitten in einer gewaltigen Rezession.«

Schafsnatur

Solange wir Schafe sind, siegen wir; obwohl von unzähligen Wölfen umgeben, sind wir überlegen und gewinnen. Wenn wir aber Wölfe sind, unterliegen wir. Dann fehlt uns die Hilfe des Hirten; denn er sorgt nicht für die Wölfe, sondern für die Schafe. Er verläßt dich und geht weg, weil du ihn seine Kraft nicht zeigen läßt.

Was er sagen will, ist: Laßt euch nicht verwirren, wenn ich euch mitten unter die Wölfe sende und euch befehle, wie Schafe und Tauben zu sein. Ich konnte nicht anders, ich konnte euch nicht in eine Aufgabe ohne Leiden senden. Ich konnte nicht anders, ich mußte euch als Schafe schwächer machen als die Wölfe und nicht furchtbar wie Löwen. Aber so ist es gut. Denn dies verleiht euch höheren Glanz, dies verkündet meine Macht.

Das hat er auch zu Paulus gesagt: »Laß dir an meiner Gnade genügen; denn meine Kraft ist in den Schwachen mächtig.« Ich habe gemacht, daß ihr so und nicht anders seid. Er sagt: »Ich sende euch wie Schafe.« Damit gibt er zu verstehen: Werdet nicht mutlos. Ich weiß es genau: So werdet ihr alle unbezwingbar sein.

Aus einer Weihnachtspredigt von JOHANNES CHRYSOSTOMOS (354–407)

Schizophrenie

Ihr nennt mich Meister und fragt mich nicht.
Ihr nennt mich Licht und seht mich nicht.
Ihr nennt mich Weg und geht mich nicht.
Ihr nennt mich Leben und begehrt mich nicht.
Ihr nennt mich weise und folgt mir nicht.
Ihr heißt mich reich und bittet mich nicht.
Ihr heißt mich allmächtig und ehrt mich nicht.
Ihr heißt mich gerecht und fürchtet mich nicht.

Wenn ich Euch verdamme, so wundert Euch nicht!

Inschrift im Dom zu Lübeck

Schlaf

Ein Pfarrer sagt zu einem Rabbiner:

»Ich kann nicht einschlafen, wenn ich vorher nicht noch eine halbe Stunde in der Bibel lese.«

Darauf der Rabbiner:

»Mir geht es genau umgekehrt. Ich kann nicht schlafen, wenn ich auch nur eine halbe Stunde in der Bibel lese.«

Mit dieser alten Anekdote versuchte der ehemalige nordrhein-westfälische Ministerpräsident JOHANNES RAU *deutlich zu machen, wo er die Schwächen der evangelischen Kirche heute sieht. Seine Schlußfolgerung aus der Anekdote: »Wir brauchen mehr Rabbiner.«*

Schubladen

Die Weißen oder die Schwarzen.

Ein Schäfer weidet seine Schafe, als ihn ein Spaziergänger ansprach. »Sie haben aber eine schöne Schafherde. Darf ich Sie etwas wegen den Schafen fragen?« – »Natürlich«, sagte der Schäfer. Der Spaziergänger: »Wie weit laufen Ihre Schafe ungefähr am Tag?« – »Welche, die weißen oder die schwarzen? Die weißen laufen ungefähr vier Meilen täglich.« – »Und die schwarzen?« – »Die schwarzen genau soviel.« – »Und wieviel Gras fressen sie täglich?« – »Welche, die weißen oder die schwarzen? Die weißen fressen ungefähr vier Pfund Gras täglich.« – »Und die schwarzen?« – »Die schwarzen auch.« – »Und wieviel Wolle geben sie ungefähr jedes Jahr?« – »Welche, die weißen oder die schwarzen?« – »Die weißen.« – »Nun ja, ich würde sagen, die weißen geben jedes Jahr ungefähr sechs Pfund Wolle zur Schurzeit.« – »Und die schwarzen?« – »Die schwarzen geben genau soviel.«
Der Spaziergänger war erstaunt. »Darf ich Sie fragen, warum Sie die eigenartige Gewohnheit haben, Ihre Schafe bei jeder Frage in schwarze und weiße aufzuteilen?« – »Das ist doch ganz natürlich«, erwiderte der Schäfer, »die weißen gehören mir, müssen Sie wissen.« – »Ach so! Und die schwarzen?« – »Die schwarzen auch«, sagte der Schäfer.

Schutzbrief

Was sollten wir fürchten?

Den Tod? »Christus ist mein Leben und Sterben mein Gewinn.«
Die Verbannung? »Des Herrn ist die Erde und was sie erfüllt.«
Den Verlust der Güter? »Wir haben nichts in die Welt gebracht, wir werden auch nichts aus ihr hinausnehmen.«
Was die Welt Schreckliches hat, ich verachte es.
Was die Welt Schönes hat, ich verabscheue es. Ich fürchte mich nicht vor der Armut; ich verlange nicht nach Reichtum. Ich bebe nicht vor dem Tode; ich hänge nicht am Leben. Baue ich vielleicht auf eigene Kraft?
Nein.
Ich besitze die Verheißung des Herrn. Ich trage seine Schrift bei mir; auf sie stütze ich mich wie auf einen Stab. Mag die ganze Welt erschüttert werden, ich halte den Schutzbrief meines Herrn in der Hand; ich lese seinen Inhalt, der mir eine Mauer und ein unbezwingbarer Schutzwall ist.
Soll ich euch den Schutzbrief meines Herrn vorlesen?
»Ich bin bei euch alle Tage bis ans Ende der Zeiten!«

Christus ist bei mir! Wen soll ich fürchten?

JOHANNES CHRYSOSTOMOS (354–407)

Sehtest

Seligpreisungen eines Alten

Selig,
die Verständnis zeigen für meinen stolpernden Fuß und meine lahme Hand.

Selig,
die begreifen, daß mein Ohr sich anstrengen muß, um alles aufzunehmen, was man spricht.

Selig,
die zu wissen scheinen, daß mein Auge trübe und meine Gedanken träge geworden sind.

Selig,
die mit freundlichem Lächeln verweilen, um ein wenig mit mir zu plaudern.

Selig,
die niemals sagen: Diese Geschichte haben Sie mir heute schon zweimal erzählt.

Selig,
die mich erfahren lassen, daß ich geliebt, geachtet und nicht allein gelassen bin.

Selig,
die in ihrer Güte mir die Tage erleichtern, die mir noch bleiben auf dem Weg in die ewige Heimat.

Aus Afrika; Verfasser unbekannt.

Sieben Sünden

The seven Sins:

The politics without principle,
The wealth without work,
The pleasure without conscience,
The knowledge without character,
The commerce without morality,
The science without humanity,
The worship without sacrifice.

Wandinschrift in Rajgarh

Die sieben Sünden:

Politik ohne Grundsätze
Wohlstand ohne Arbeit
Vergnügen ohne Gewissen
Wissen ohne Charakter
Wirtschaft ohne Moral
Wissenschaft ohne Menschlichkeit
Anbetung ohne Hingabe

Silvester

Mein sind die Jahre nicht, die mir die Zeit genommen.
Mein sind die Jahre nicht, die etwa möchten kommen.
Der Augenblick ist mein, und nehm ich den in acht,
So ist der mein, der Jahr und Ewigkeit gemacht.

ANDREAS GRYPHIUS (1616–1664)

Soldaten

Soldat, Soldat,
erlaub mir's, glaub mir's,
ich bin dein Freund und Kamerad.
Doch glaub mir's auch, ich bitte dich,
ich krieg's in meinen Kopf nicht rein,
in's Herz schon gar nicht,
daß hier auf unserm schönen Stern
Männer müssen Soldaten sein,
müssen Menschen Soldaten sein ...

Soldat, Soldat,
erlaub mir's, glaub mir's,
es tut mir tief im Herzen weh,
wenn ich dich zwischen Todeswaffen
aus kaltem Stahl hantieren seh.
Ich weiß, du denkst, was kann man machen,
die Fakten sind nun einmal so,
doch Gott erbarm, erbarm sich Gott,
ich werd' für dich und mich nicht froh ...

Soldat, Soldat,
erlaub mir's, glaub mir's,
ich paß' in eine Uniform nicht rein.
Bin ich ein Narr? dann will ich's bleiben;
doch laß uns beide Menschen sein,
die an den sogenannten Fakten leiden,
die Menschen und nicht Waffen lieben
und allen in die Herzen schrein:
Macht Frieden, Frieden, Frieden ...

JOHANNES HANSEN

Sonntagskapital

»Keine Zeit!« Stimmt das wirklich?

Vergegenwärtigen wir uns, daß man im Laufe von sieben Jahren ein geschlagenes Jahr Sonntag verlebt.

Also: Bei 21 Jahren ist 3 Jahre nur Sonntag,
bei 35 Jahren ist 5 Jahre nur Sonntag,
bei 70 Jahren ist 10 Jahre nur Sonntag!

Die Ausrede, Sie hätten keine Zeit gehabt, wird vor Gott nicht gelten, allein schon im Hinblick auf die Sonntage!

Und bedenken Sie, daß ein Jahr 8760 Stunden hat!

Ein Riesenkapital!
Was werden Sie damit anfangen?

Sorgen abgeben

Du sollst die Last von morgen
nicht schon heute tragen.
Gott will nicht, daß die Dinge
dich zur Unzeit plagen.

Er selbst hat deine Bürde
dir heut zubemessen.
Das Maß, das du dir setztest,
gilt es zu vergessen.

So lobe Gott mit Freuden,
laß ihm deine Sorgen:
Samt deiner Last will er dich
tragen heut und morgen.

Lindolfo Weingärtner

Spiegel

Ein Jude kommt zum Rabbi.

»Rebbe, es ist entsetzlich. Gehst du zu einem Armen – er ist freundlich, er hilft dir, wenn er kann. Gehst du zu einem Reichen – er sieht dich nicht einmal. Was ist das nur mit dem Geld?«

Da sagt der Rabbi: »Tritt ans Fenster! Was siehst du?«

»Ich sehe eine Frau mit einem Kind an der Hand. Ich sehe einen Wagen. Ich sehe ...«

»Gut«, sagt der Rabbi, »und jetzt stell dich hier vor den Spiegel! Was siehst du?«

»Nu, Rebbe, was werd' ich sehn? Nebbich, mich selber.«

Darauf der Rabbi: »Siehst du, so ist es. Das Fenster ist aus Glas gemacht und der Spiegel ist aus Glas gemacht. Kaum legst du ein bißchen Silber hinter die Oberfläche – schon siehst du nur noch dich selber!«

Sterbewünsche

Laß nicht zu, daß ich in den letzten Augenblicken entwürdigt werde. Das heißt, laß mich, wenn es irgend einzurichten ist, in der vertrauten Umgebung sterben. Das ist schwerer für dich. Aber es wird dich bereichern, Sterbebegleiter zu sein.

Denke dann nicht, wenn es soweit ist und du hier ratlos an meinem Bett sitzt, daß ich tot sei. Das Leben dauert länger, als die Ärzte sagen. Der Übergang ist langwieriger, als wir bisher wußten. Ich höre alles, was du sagst, auch wenn ich schweige und meine Augen gebrochen scheinen. Drum sag jetzt nicht irgend etwas, sondern das Richtige.

Das Richtige, was du mir jetzt sagen könntest, wenn ich dich auch nicht darum bitten kann, wäre das, was es mir nicht schwer, sondern leichter macht, mich zu trennen. Also sag mir, daß ihr ohne mich fertig werdet.

Das Richtige, was du mir jetzt sagen könntest, wenn ich dich auch vielleicht nicht mehr darum bitten kann, wäre das Wort, aus dem ich gelebt habe. Wenn nichts bleibt vom Leben auf Erden, so sind es doch diese Worte. Und wenn sie nie Wort geworden wären in unserem Leben, so mußt du jetzt versuchen, sie zu finden. Hat sie es nicht gehabt, so hat unsere Liebe doch immer auf ihr Wort gehofft. Vielleicht war es ein einziger Bibelvers, aus dem wir lebten ein Leben lang, ein einziger, der unser Suchen jetzt zusammenfaßt. Versuch ihn zu finden und mir ins Ohr zu sagen. Ich höre ...

Dann wird auch das Wort zum Zeichen. Jetzt hättest du mehr von mir zu lernen als ich von dir. Ich blicke schon durch die Tür. Jetzt, da ich davongehe, wünsche ich, daß du beten kannst, das heißt, daß du das Gute erkennst, das Gott uns jetzt schickt. Klage nicht an – es gibt keinen Grund. Sage Dank – ich werde Gott schauen. Und dir wird es auch geschenkt werden ...

Johann Christoph Hampe

Stille Zeit

Einmal am Tag,
da solltest du
ein Wort in deine Hände nehmen,
ein Wort der Schrift.

Sei vorsichtig,
es ist so schnell erdrückt
und umgeformt,
damit es paßt.

Versuch nicht hastig,
es zu »melken«,
zu erpressen,
damit es Frömmigkeit absondert.
Sei einfach einmal still.
Das Schweigen, Hören, Staunen
ist bereits Gebet
und Anfang aller Wissenschaft
und Liebe.

Betast das Wort von allen Seiten,
dann halt es in die Sonne
und leg es an das Ohr
wie eine Muschel.

Steck es für einen Tag
wie einen Schlüssel in die Tasche,
wie einen Schlüssel zu dir selbst.

Fang heute an!
Vielleicht damit:
»Es geschehe dein Wille,
wie im Himmel, so auf der Erde!«

P. Roth

Tempo

Laß mich langsamer gehen, Herr,
entlaste das eilige Schlagen meines Herzens
durch das Stillewerden meiner Seele.

Laß meine hastigen Schritte stetiger werden
mit dem Blick auf die weite Zeit der Ewigkeit.
Gib mir inmitten der Verwirrung des Tages
die Ruhe der ewigen Berge.

Löse die Anspannung meiner Nerven
und Muskeln
durch die sanfte Musik der singenden Wasser,
die in meiner Erinnerung lebendig sind.

Laß mich die Zauberkraft des Schlafes
erkennen, die mich erneuert.
Lehre mich die Kunst des freien Augenblicks.
Laß mich langsamer gehen,
um eine Blume zu sehen,
ein paar Worte mit einem Freund zu wechseln,
einen Hund zu streicheln,
ein paar Zeilen in einem Buch zu lesen.

Laß mich langsamer gehen, Herr,
und gib mir den Wunsch,
meine Wurzeln tief in den ewigen Grund
zu senken,
damit ich emporwachse
zu meiner Bestimmung.

Aus Südafrika; Verfasser unbekannt

Transzendenz

Es war einmal eine Spinne. In ihrem Netz lebte sie herrlich und in Freuden. Alles war gut, bis sie hörte: »Die Welt ist anders geworden!« »Altes aufgeben! – Rationalisieren! – Anpassen!« Die Spinne war nie aufgeregt, aber der Vorwurf der Rückständigkeit machte sie nervös. Umgehend inspizierte sie ihren ganzen Betrieb. Aber kein Faden war überflüssig, jeder war für das Geschäft dringend notwendig. Ganz verzweifelt und wegen dieser Aufregung einem Herzinfarkt nahe, fand sie schließlich einen Faden, der senkrecht nach oben lief. Dieser hatte noch nie eine Fliege eingebracht. Dieser hatte noch nie seinen Wert erwiesen. Dieser war wirklich überflüssig. Schnell biß sie den Faden ab. Aber das ganze Netz fiel in sich zusammen. Es war der Faden, an dem das ganze Netz aufgehängt war. An einem einzigen Faden nach oben hing alles.

Träume

Ich habe einen Traum,
daß meine vier kleinen Kinder eines Tages in einer Nation leben werden, in der man sie nicht nach ihrer Hautfarbe, sondern nach ihrem Charakter beurteilen wird. Ich habe einen Traum, daß eines Tages jedes Tal erhöht und jeder Hügel und Berg erniedrigt wird. Die rauhen Orte werden geglättet und die unebenen Orte begradigt werden. Und die Herrlichkeit des Herrn wird offenbar werden, und alles Fleisch wird es sehen. Das ist unsere Hoffnung.
Mit diesem Glauben werde ich fähig sein, aus dem Berg der Verzweiflung einen Stein der Hoffnung zu hauen. Mit diesem Glauben werden wir fähig sein, die schrillen Mißklänge in unserer Nation in eine wunderbare Symphonie der Brüderlichkeit zu verwandeln. Mit diesem Glauben werden wir fähig sein, zusammen zu arbeiten, zusammen zu beten, zusammen zu kämpfen, zusammen ins Gefängnis zu gehen, zusammen für die Freiheit aufzustehen, in dem Wissen, daß wir eines Tages frei sein werden.

MARTIN LUTHER KING (1929–1968)
Pfarrer und Kämpfer
für die Bürgerrechte der Schwarzen in den USA

Trotzdem

Die Menschen sind unlogisch,
unvernünftig und egoistisch.
Liebe sie *trotzdem.*

Wenn du Gutes tust, werden dich die
Menschen anklagen wegen unlauterer
Motive. Tue *trotzdem* das Gute.

Wenn du Erfolg hast, wirst du falsche
Freunde und richtige Feinde gewinnen.
Arbeite *trotzdem* an deinem Erfolg.

Das Gute, das du heute tust,
wird morgen vergessen sein.
Tue *trotzdem* Gutes.

Ehrlichkeit und Offenheit machen
dich verletzlich.
Sei *trotzdem* offen und ehrlich.

Die Menschen mit den größten Ideen
werden abgeschossen von denen mit den
kleinsten Ideen. Denke *trotzdem* groß.

Die Menschen haben Mitleid mit dem
Verlierer, aber folgen nur dem Sieger.
Kämpfe *trotzdem* für die Verlierer.

Was du in Jahren aufgebaut hast,
kann in einer Nacht zerstört werden.
Baue *trotzdem.*

Menschen brauchen wirklich Hilfe,
aber greifen dich an, wenn du ihnen hilfst.
Hilf ihnen *trotzdem.*

Gib der Welt das Beste, was du hast,
und du wirst dafür geschlagen.
Gib der Welt *trotzdem* dein Bestes.

Unerwartet

Er bat um Kraft,
daß er etwas leisten möchte.
Er erhielt Schwachheit,
daß er Gehorsam lernte.

Er bat um Gesundheit,
daß er größere Dinge tun könnte.
Er erhielt Krankheit,
daß er bessere Dinge tun dürfte.

Er bat um Reichtum,
daß er glücklich würde.
Er erhielt Armut,
daß er weise würde.

Er bat um Macht,
daß er Anerkennung
der Menschen bekäme.
Er erhielt Unvermögen,
daß er sein Bedürfnis
nach Gott erkennen lernte.

Er bat um viele Dinge,
daß er das Leben genießen könnte.
Er erhielt das Leben,
daß alle Dinge sein würden.

Er bat um einen Stein,
den er für Brot ansah.
Er erhielt Brot,
das er für einen Stein gehalten hatte.

Er bat um manches,
was ihm nicht gefrommt hätte.
Er erhielt alles,
was seinen Geist selig machte.

Er bat viel.
Er erhielt über Bitten und Verstehen.

Aus den Papieren eines Offiziers im
Ersten Weltkrieg

Verantwortung

In der Mitte des vorigen Jahrhunderts tagte in einem Staat des nordamerikanischen Mittelwestens das Parlament. Und wie es dort manchmal vorkommt, zog ein fürchterliches Unwetter herauf, ein Orkan, und verdunkelte den Himmel. Es wurde schwarz wie die Nacht. Die Parlamentarier wollten voll Entsetzen die Sitzung abbrechen und aus dem Sitzungssaal stürmen. Darauf sagte der Sprecher des Parlaments: »Meine Herren! Entweder die Welt geht jetzt nicht unter und unser Herr kommt noch nicht – dann ist kein Grund vorhanden, die Sitzung abzubrechen. Oder unser Herr kommt jetzt – dann soll er uns bei der Arbeit finden. Die Sitzung geht weiter!«

GUSTAV HEINEMANN (1899–1976)
in seiner Abschiedsrede als Bundespräsident

V

Vergeben

Wenn ich vergebe, folge ich Jesus nach.
Wenn ich vergebe, macht Gott seine Herrschaft durch mich sichtbar.
Wenn ich vergebe, beweise ich, daß ich Gott vertraue.
Wenn ich vergebe, gebe ich Gott Handlungsfreiheit.
Wenn ich vergebe, wird mein Gewissen entlastet.

Vergnügen

Ich bin vergnügt, erlöst, befreit,
Gott nahm in seine Hände meine Zeit,
mein Fühlen, Denken, Hören, Sagen,
mein Triumphieren und Verzagen,
das Elend und die Zärtlichkeit.

Was macht, daß ich so fröhlich bin
in meinem kleinen Reich?
Ich sing' und springe her und hin,
vom Kindbett bis zur Leich'.

Was macht, daß ich so furchtlos bin
an vielen dunklen Tagen?
Es kommt ein Geist in meinen Sinn,
will mich durch's Leben tragen.

Was macht, daß ich so unbeschwert
und mich kein Trübsinn hält?
Weil mich mein Gott das Lachen lehrt
wohl über alle Welt.

Ich bin vergnügt, erlöst, befreit,
Gott nahm in seine Hände meine Zeit,
mein Fühlen, Denken, Hören, Sagen,
im Triumphieren und Verzagen,
das Elend und die Zärtlichkeit.

HANNS-DIETER HÜSCH

Verweigerung

Wasser – bah!
Und Seife – nein danke!

Also, im Ernst: Es gibt für mich genau acht stichhaltige Gründe, warum ich mich nicht wasche.

Erstens. Als Kind bin ich immer gezwungen worden, mich zu waschen.

Zweitens. Das haben Sie vielleicht auch schon gemerkt: Die Leute, die sich regelmäßig waschen, das sind fast alles Heuchler. Die meinen, sie sind sauberer als andere!

Drittens. Es gibt so viele verschiedene Seifensorten. Kann man sich gar nicht alle merken. Ich wüßte nie, welche für mich die richtige ist.

Viertens. Früher hab ich mich ja mal gewaschen. Aber dann war's langweilig. Und da hab ich aufgehört damit.

Fünftens. Ab und zu wasch ich mich ja ein bißchen. Zu besonderen Anlässen. Das reicht ja.

Ja. *Sechstens.* Von meinen Freunden wäscht sich auch keiner.

Siebtens. Ich meine, ich bin noch ganz schön jung. Wenn ich älter bin und ein bißchen schmutziger, dann kann ich mich ja immer noch waschen.

Achtens. Die Leute, die da ihre Seife verkaufen, die sind ja bloß hinter meinem Geld her.

Volkskirche

Die sechs Wunder der Volkskirche

Alle zahlen Kirchensteuern,
aber keiner geht hin.

Keiner geht hin,
aber jeder gehört dazu.

Jeder gehört dazu,
aber keiner kennt Jesus.

Keiner kennt Jesus,
aber alle werden kirchlich beerdigt.

Alle werden kirchlich beerdigt,
aber keiner kommt in den Himmel.

Keiner kommt in den Himmel,
aber alle zahlen Kirchensteuern.

Warum?

Warum?

Nicht unerwartet entschlief unser Bremer Mitbürger

Wolfgang Trampenau

* 28. 8. 1950 † 9. 12. 1980

Er starb ohne Wohnung.
Sein Tod mahnt und fordert.

Im Namen vieler Wohnungsloser:
Peter Birkenfeld
Sigrid Flach
Erhard Nötzel
Norbert Nöller
Johannes Wicke

Abbentorstraße 5, 2800 Bremen 1

Wegweisung

Jeder Tag ist eine Gabe Gottes an dich. Gott will aus diesem Alltag einen besonderen Tag für dich machen.

Du wirst heute so viel Freude erleben, wie du ertragen kannst, und gerade so viel Belastungen zugemutet bekommen, wie du nötig hast. Es wird dir nicht mangeln an dem, was heute für dein Leben wirklich gut ist.

Unter der Führung unseres Herrn kann dir heute niemand und nichts schaden. Jeder Tag ist eine Aufgabe Gottes für dich; geh darum aufmerksam durch den Tag! Wer wird heute auf eine Freundlichkeit von dir warten? Wen kannst du mit einem Brief oder einer Karte erfreuen?

Wem solltest du heute ein Buch leihen oder ein Wort weitergeben, das dir wichtig wurde? Gibt dir ein Gedenktag heute Anlaß, einem einsamen und angefochtenen Menschen eine Aufmerksamkeit zu erweisen? Achte auf Menschen und Dinge, die Gott dir heute besonders ans Herz legt!

Mach aus jeder Erinnerung an Menschen und Situationen sogleich ein Gebet! Leg alles Erleben unmittelbar zurück in die Hände Gottes! Ergreif mit Freuden jede gute Gelegenheit, um deine Umgebung mit dem Namen Jesu bekannt zu machen! Bleib in der Gegenwart Gottes, damit der Widersacher, der ein Überrumpler und Durcheinanderwerfer ist, das göttliche Segensprogramm des heutigen Tages nicht zerstören kann!

Weihnachten

☆
Glück
Lametta
Geschenke
Süßigkeiten
Ochs und Esel
Spielzeug Glanz
Wintersonnenwende
unerfüllte Wünsche
Christkind Engelshaar
Schnee Einsamkeit Kälte
Heiland
Davidsstadt
Frohe Botschaft
Advent Geburt Wunder
Offenbarungen Erfüllung
Stall Krippe Hirten Herodes
Dunkelheit Stille Nacht Hoffnung
Heiligabend Christvesper Bescherung
Besinnung Bethlehem Liebe Trost der Welt
Weihnacht
keine Herberge
Gold Weihrauch Myrrhe
Kaspar und Melchior und Balthasar
Flucht nach Ägypten Wickelkind heimlich
Lastesel Winter Christstollen Leuchten Lieder
Hosianna Maria und Joseph Gloria Erlöser Christfest
Schalom Epiphanias Kreuz von Golgatha Auferstehung Friede
Maria behielt diese Worte und sie bewegte sie in ihrem Herzen
Kind
Heil
Gott

Geschichten auf einem Stamm

Eberhard Arning

Weizenkorn

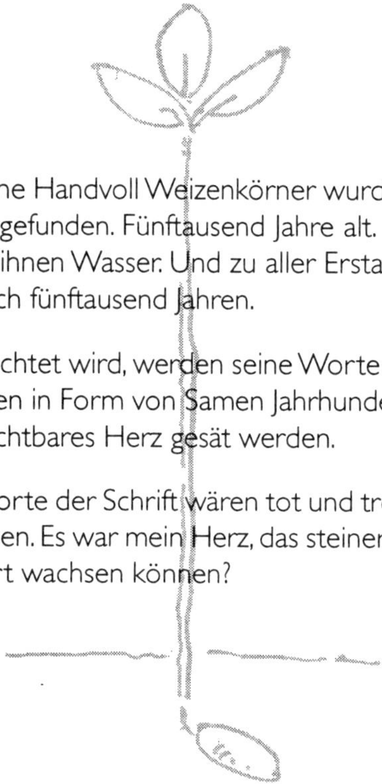

Eine Handvoll Weizenkörner wurde im Grab eines der alten ägyptischen Könige gefunden. Fünftausend Jahre alt. Irgend jemand pflanzte die Körner ein und gab ihnen Wasser. Und zu aller Erstaunen schlugen die Körner aus und keimten nach fünftausend Jahren.

Wenn ein Mensch erleuchtet wird, werden seine Worte zu Samen voller Leben und Kraft. Und sie können in Form von Samen Jahrhunderte überdauern, bis sie in ein empfängliches fruchtbares Herz gesät werden.

Ich dachte immer, die Worte der Schrift wären tot und trocken. Ich weiß jetzt, sie sind voller Kraft und Leben. Es war mein Herz, das steinern und tot war. Wie hätte also irgend etwas dort wachsen können?

Anthony de Mello

Worte

Ein Wort kann sein:

ein Wegweiser
eine Brücke
ein Schlüssel
ein Pflaster für eine Wunde
ein warmer Mantel gegen die Kälte
ein brennendes Streichholz in der
Dunkelheit ein Regenbogen

Ein Wort kann aber auch sein:

ein Sperrschild
ein Schlagbaum
ein Vorhängeschloß
eine Ohrfeige
eine kalte Dusche
ein Luftzug, der das Licht auslöscht
eine platzende Seifenblase

Ich möchte Worte finden:

Worte, die weiterhelfen.
Worte, die Verbindung schaffen.
Worte, die aufschließen.
Worte, die nicht verletzen.
Worte, die wärmen.
Worte, die Angst vertreiben.
Worte, auf die man sich verlassen kann.

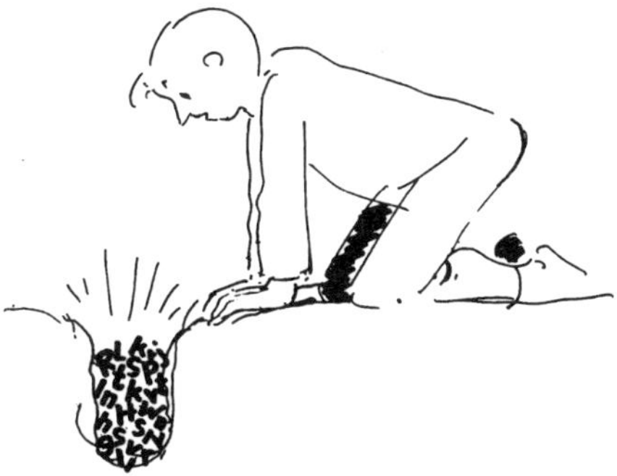

Wunder

Wenn wir in den Himmel kommen, werden wir uns über drei Dinge sehr wundern: darüber, wer alles nicht dort ist, den wir erwartet haben, darüber, wer alles dort ist, den wir nicht erwartet haben und drittens darüber, daß wir selbst dort sind.

Bischof Hanns Lilje

Wunder der Natur

Die Hummel.

Sie wiegt 4,8 g
und hat eine Flügelfläche von 1,45 cm^2
bei einem Flächenwinkel von 6°.

Nach dem Gesetz der Aerodynamik
kann die Hummel nicht fliegen.

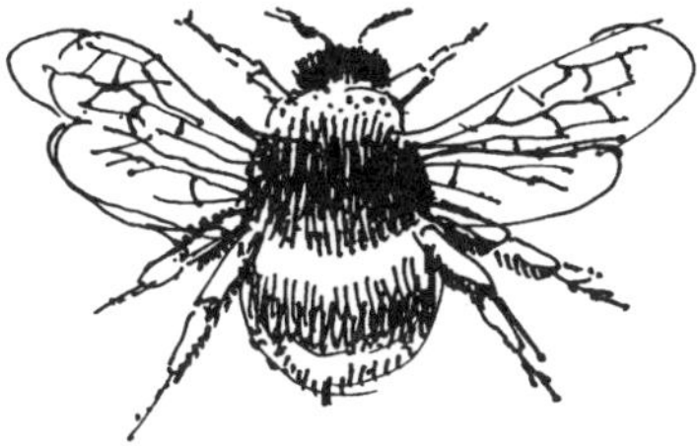

Aber die Hummel
weiß das nicht.

X für ein E

Xin offxnxr Brixf an dxn Lxsxr,

obwohl mxinx Schrxibmaschinx xin altxs Modxll ist, funktionixrt six noch zixmlich gut, von xinxm Buchstabxn abgxsxhxn. Ich habx mir oft gxwünscht, daß six doch pxrfxkt funktionixrt. Xs ist zwar wahr, daß six drxiundvixrzig Tasten hat, dix gut gxnug funktionixrxn, abxr dix xinx, dix nicht funktionixrt, dix macht dxn ganzxn Untxrschixd aus.

Du sagst dir vixllxicht: »Richtig, ich bin nur xinx Pxrson. Was ich tux, kann für dix Gxmxindx nicht vixl bxdxutxn.« Abxr xs macht doch xinxn Untxrschixd aus, dxnn wxnn dix Gxmxindx in ihrxm Bxzxugxn xffxktiv sxin soll, braucht six dix aktivx Txilnahmx jxdxs Mitglixdxs. Also, wxnn du Dir das nächstx Mal dxnkst, daß Du doch nur xinx Pxrson bist und daß Dxinx Bxmühungxn nicht bxnötigt wxrdxn, xrinnxrx Dich an mxinx Schrxibmaschinx!

Zeit

Meine Zeit steht in deinen Händen.
Psalm 31,16

Herr meiner Stunden
und meiner Jahre,
du hast mir viel Zeit gegeben.
Sie liegt hinter mir, und sie liegt vor mir.
Sie war mein und wird mein.
Ich danke dir für jeden Schlag der Uhr
und für jeden Morgen, den ich sehe.

Ich bitte dich nicht,
mir mehr Zeit zu geben.
Ich bitte dich aber,
daß ich mit viel Gelassenheit
jede Stunde füllen kann.

Ich bitte dich,
daß ich ein wenig dieser Zeit
freihalten darf von Befehl und Pflicht,
ein wenig für die Stille,
ein wenig für die Menschen
am Rande meines Lebens,
die einen Tröster brauchen.

Ich bitte dich um Sorgfalt,
daß ich meine Zeit nicht töte,
nicht vertreibe, nicht verderbe.
Jede Stunde ist ein Streifen Land.
Ich möchte ihn aufreißen mit dem Pflug.
Ich möchte Liebe hineinwerfen,
Gedanken und Gespräche,
damit die Frucht wächst.
Segne du meinen Tag.
Amen

Inschrift auf einer Kirchenuhr

Zeitung

Der Christ ist eine Gute Nachricht

Du bist eine Zeitung,
die Gott den Menschen täglich schickt.
Du bist kein Skandalblättchen,
sondern eine gute Nachricht.
Dein Leben besteht nicht nur aus
Schlagzeilen,
sondern kann aus der Tiefe des Glaubens
kundgeben von der Hoffnung,
zu der wir Christen berufen sind.
Bist du »unabhängig und überparteilich«
oder bist du gebunden an Gott?
Nimmst du Partei für die Schwachen?

In deiner Zeitung dürfen Humor und
Unterhaltung nicht fehlen.
Sei ein munteres Blatt,
ohne seicht zu werden.
Ist die Auslieferung wegen seelischer
Schlechtwetterlage manchmal gefährdet?
Oder schlimmer noch:
Stellst du das Erscheinen ein,
weil du aufgibst?
Vergiß nicht,
du erscheinst täglich!

(Nach 2. Korinther 3,3)

Zorn

Denkanstoß 1: Machen Sie sich klar, worüber Sie zornig sind, bevor Sie sich schlafen legen! Warum ist das hilfreich? Zorn, der gespeichert wird, macht bitter. Der Zorn eskaliert. Die Wut steigert sich. Das Ansammeln verstärkt feindselige Gefühle und Gedanken.

Denkanstoß 2: Wer verdrängt und verschweigt, leitet den Zorn nach innen. Wir sprechen von psychosomatischen Störungen und Krankheiten. Der gesamte Körper vom Scheitel bis zur Sohle kann betroffen sein. »Herr, erst wollte ich meine Schuld verschweigen, doch davon wurde ich so krank, daß ich von früh bis spät nur stöhnen konnte (Psalm 32,3).« Wer verdrängt und nicht darüber spricht, redet mit seinen Organen, mit seinem Körper. Schließlich gehören wir Gott mit Leib und Seele und Geist – ganz.

Denkanstoß 3: Was wollen Sie mit Zorn, Wut, und Bitterkeit bezwecken? Das ist die entscheidende Frage für Ihre Buße, für Ihre Gesinnungsänderung. Was wollen Sie mit Zorn erreichen? Welche unbewußten Ziele streben Sie an? Wollen Sie Macht ausüben? Wollen Sie recht behalten? Wollen Sie Ihr Gegenüber bestrafen? Wollen Sie Ihr Gegenüber erpressen, wollen Sie, daß es noch mehr für Sie tut? Wollen Sie ihm einen Denkzettel verpassen? Überlegen Sie, was Sie mit Ihrem sündhaften Muster ausdrücken! Jetzt erst wird Ihr Gebet konkret: »Herr, ich habe erkannt, was ich mit meinem Zorn erreichen will. Meine versteckte Sünde ist mir offenbar geworden. Hilf mir, sie zu ändern!«

Reinhold Ruthe

Zuflucht

Herr, bei dir suche ich Zuflucht.
Laß mich nicht scheitern.

Wenn ich ganz unten bin, dann reiß du mich heraus. Du bist gerecht. Hör mir zu und hilf mir. Sei für mich wie ein warmes Bett, in das ich jederzeit kriechen kann, wenn mir danach ist.
Du hast versprochen, daß du mir hilfst. Du bist unwandelbar und unerschütterlich wie ein Fels, auf dem ich sicher stehen kann.
Wenn Menschen gegen mich sind, steh mir bei. Es gibt so viele gemeine Menschen. Oft tun sie mir weh.
Ich habe angefangen, an dich zu glauben, als ich noch ein Kind war. Auch in meiner Jugend habe ich auf dich vertraut. Verlaß mich nicht, wenn ich alt bin, halte mich, wenn meine Kräfte schwinden.
Es gibt Leute, die schlecht über mich reden. Sie machen mich schlecht, wenn sie beieinander sind. Deshalb laß mich daran denken, daß du meine Hilfe bist und meine Hoffnung. Ich werde immer für meinen Glauben einstehen. Ich werde offen zugegeben, wieviel Gutes du mir schon getan hast. Ich werde in dein Haus kommen, um deine Taten zu rühmen und dein Lob zu singen. Du hast mich gelehrt von Jugend auf, und noch heute bekenne ich, daß du mich in meinem Leben geführt hast.
Auch wenn ich alt und grau bin, o Gott, verlaß mich nicht. Wie sollte ich sonst meinen Enkeln von dir erzählen können, von deiner Liebe und von deiner Gerechtigkeit, die größer ist als alles andere auf der Welt.
Ich habe im Leben viel Angst und Not erfahren. Führe mich heraus, hol mich aus der Dunkelheit. Du wirst mich trösten, wenn ich Angst habe, und ich werde dir danken, Herr. Ich will dir singen und deine Treue will ich preisen. Solange ich lebe.

Christel Evenari (nach Psalm 71)

Fundorte

Abendgedanken: Therese von Lisieux, Ihm kann ich alles sagen, Verlag Neue Stadt, München 1996.

Arbeitstempo: Spruchkarte 30, Verlag Ernst Franz, Metzingen.

Ausländer: CVJM-Informationen, Kassel, Nr. 1, 1989.

Atheismus: Zeitschrift Universitas, Stuttgart.

Christus: Herold seines Kommens, Asslar, Nr. 5, 1991.

Disziplin: Abraham Joshua Heschel, Der Mensch fragt nach Gott, Neukirchener Verlag, Neukirchen-Vluyn, 3. Auflage 1993.

Durchhilfen: Brunnen Verlag, Gießen.

Einwand: Lothar Zenetti, Texte der Zuversicht, Pfeiffer Verlag, München 1972.

Evolution: Merkheft des 2001-Versands, Frankfurt.

Freiräume: Zeitschrift Neues Leben 11/97.

Freundschaft mit Gott: Vertrauliche Zwiesprache mit Gott, Verlag Neue Stadt, München 1989.

Gastfreundschaft: Shmuel Avidor Hacoven (Hrsg.), Ratlos war der Rabbi nie, Gütersloher Verlagshaus, Gütersloh, 6. Auflage 1995.

Gebetshilfen: Herold seines Kommens, Asslar.

Grabinschrift: Walter Rest (Hrsg.), Kierkegaard für Christen, Herder Verlag, Freiburg 1987.

Hände: Contact, Heft 26, 1983.

Ich kann: Lebenszeichen, Bernward Verlag, Hildesheim.

Kirchgänge: Sternbrief, Heft 1, 1984.

Labyrinth: Deutscher Evangelischer Kirchentag, Fulda.

Missionseifer: Arno Backhaus, Efungelisation, Verlag Schulte & Gerth, Asslar 1996.

Nächtliche Erfahrung: Albert Béguin, Blaise Pascal, Rowohlt Taschenbuch Verlag, Reinbek 1998.

Neues: Christen in der Offensive, Reichelsheim.

Ora et labora: Gottes Volk, Lesejahr C, Heft 6, Verlag Katholisches Bibelwerk, Stuttgart 1989.

Pastoren, Pfarrer: Zuwiderhandelnde werden getauft, Gütersloher Verlagshaus, Gütersloh.

Pharisäer: Contrapunkt, MBK, Bad Salzuflen.

Politische Predigt: Klappert/Strack, Umkehr und Erneuerung, Neukirchen 1980.

Rassentrennung: Hannoversche Allgemeine Zeitung, 30. 8. 1992.

Recht gläubig: Adrian Plass, Ansichten aus Wolkenkuckucksheim, Brendow Verlag, Moers, 2. Auflage 1994.

Soldaten: Johannes Hansen, Alte Str. 3, 58452 Witten.

Sorgen abgeben: Verlag der Evangelisch-Lutherischen Mission, Erlangen.

Stille Zeit: Erdkreis, 1975.

Trotzdem: Arno Backhaus, Lache, und die Welt lacht mit dir; schnarche, und du schläfst allein, Brendow Verlag, Moers 1997.

Vergnügen: Hanns-Dieter Hüsch, Das Schwere leicht gesagt, tvd-Verlag, Düsseldorf 1991.

Verweigerung: Campblätter, Christ Camp, Krefeld.

Volkskirche: Gemeindewachstum 42.

Warum?: Weser-Kurier, 15. 12. 1980.

Weihnachten: Eberhard Arning lebt in Karst bei Düsseldorf.

Weizenkorn: Anthony de Mello, Warum der Vogel singt, Herder Verlag, Freiburg 1984.

Worte: action 365, Kennedy Allee 111A, 60596 Frankfurt.

Zorn: Reinhold Ruthe, aus: ideaSpectrum 16, 1997.

Zuflucht: Christ in der Gegenwart, Herder Verlag, Freiburg.

Da es sich bei vielen Texten um Ausrisse aus Zeitschriften, Kopien usw. handelt, konnten nicht in allen Fällen die exakten Quellen festgestellt werden.
Für die freundliche Genehmigung zur Veröffentlichung der Texte danken wir den Autoren und Verlagen.